Je reste un soldat

MANUEL CABRITA
AVEC ALEXIS BATAILLE

Avant-propos de M. Emmanuel Macron
président de la République française

City
Document

Couverture : Shutterstock/Studio City

ISBN : 978-2-8246-2015-2
Code Hachette : 32 1036 9
Catalogues et manuscrits : city-editions.com

Dépôt légal : Mars 2022

Sommaire

Que suis-je donc sur cette terre,
Un homme qui est prêt à mourir.
Un homme qu'on appelle volontaire,
Qui sait servir et sait mourir.

Le Volontaire, chant militaire

L'ensemble des bénéfices de l'ouvrage seront reversés à l'Union des blessés de la face et de la tête « Les Gueules Cassées » et à l'Association Solidarité Défense.

En souvenir des camarades disparus,
En soutien aux combattants blessés qui se reconstruisent un peu chaque jour,
En union de pensée avec leurs aidants,
En hommage aux militaires du Service de santé des armées.

Avant-propos

Quand, à l'été 2018, j'ai rencontré le caporal-chef Manuel Cabrita, accompagné de son épouse Agnès, il sortait d'une longue prise en charge dans les hôpitaux des armées. Invité à l'Hôtel de Brienne par la ministre des Armées à la veille du 14 Juillet, il attendait calmement notre échange dans l'agitation relative de cet événement festif.

Je me rappelle très clairement cette discussion avec un homme marqué dans sa chair et dans son esprit, il le dit bien dans son livre. J'ai, ce jour-là, rencontré une personne engagée, qui, sans colère, allait de l'avant. J'ai invité le caporal-chef Cabrita à se joindre à moi quelques jours plus tard, pour assister à la finale de la Coupe du monde de football, une passion que nous avons en commun. Nous avons partagé, alors, quelques heures de ferveur que je n'oublierai pas.

Le livre d'Alexis Bataille et Manuel Cabrita est à l'image de l'homme que j'ai connu. Tout ce qu'il raconte, décrit, explique, constitue un témoignage précieux, qui sait mettre des mots sur des réalités pourtant quelquefois presque indicibles. La dignité, la pudeur et la force morale transparaissent. La combinaison de ce qui est et se révèle en filigrane l'atteste : oui, Manuel Cabrita « reste un soldat ».

La France sait ce qu'elle lui doit, ainsi qu'à tous nos blessés de guerre. Ils méritent notre attention, notre solidarité et notre reconnaissance.

Monsieur Emmanuel Macron,
président de la République française.

Manuel Cabrita en bref

Carrière militaire

- **11 septembre 2001** : attentats des tours jumelles à New York. Manuel Cabrita a 18 ans. Il décide de s'engager dans l'armée.
- **2 octobre 2001 :** engagement militaire au 68e régiment d'artillerie d'Afrique afin de devenir artilleur.
- **Début 2002 :** Manuel Cabrita découvre le métier de sauveteur au combat au cours de ses classes. Il demande une réorientation au sein des armées et intègre le régiment médical (RMED).
- **31 juillet 2017 :** au cours de l'opération Barkhane, le véhicule de l'avant-blindé sanitaire conduit par Manuel Cabrita roule sur un engin explosif artisanal.

Vie opérationnelle

- **2003 :** opération de protection du territoire en Nouvelle-Calédonie.
- **2006 :** opération de protection du territoire en Guyane.
- **2007 :** opération extérieure à Djibouti.
- **2008 :** opération de protection du territoire sur l'île de la Réunion.
- **2009 :** opération extérieure en Afghanistan.
- **2011 :** opération extérieure au Kosovo.
- **2013 :** opération extérieure à Djibouti.
- **2014 :** opération extérieure au Mali/Tchad/République de Côte d'Ivoire.
- **2016 :** opération extérieure au Niger.
- **2017 :** opération extérieure au Mali.

Décorations militaires

- Médaille militaire.
- Croix de la valeur militaire avec palme.
- Croix du combattant.
- Médaille de l'Outre-Mer avec agrafes « Tchad », « République de Côte d'Ivoire » et « Sahel ».
- Médaille de la Défense nationale échelon or avec agrafes « Mission d'assistance extérieure » et « Service santé ».

- Médaille du titre de reconnaissance de la Nation avec agrafe « opération extérieure ».
- Médaille commémorative française avec agrafes « Ex-Yougoslavie », « Afghanistan ».
- Médaille de la protection du territoire avec agrafe « Sentinelle ».
- Médaille des blessés de guerre.
- Médaille de l'OTAN non-article 5 avec agrafe « Kosovo ».
- Médaille de l'OTAN avec agrafe « Isaf ».
- Médaille commémorative de la campagne du Mali (décoration étrangère).
- Médaille sportive Danoise « Dancon march » (décoration étrangère).

Liste des blessures

- Amputation du bras droit.
- Amputation de la jambe droite.
- Scalp du visage.
- Fracture du fémur gauche.
- Fractures du bassin.
- Perforations pulmonaires.
- Brûlures éparses sur le corps de type troisième degré.
- Plusieurs éclats métalliques dans le corps.

PREMIÈRE PARTIE

FORCE

[...] Ce jour-là, le 11 septembre 2001, j'ai compris que je ne pouvais pas être spectateur de ces actes de barbarie et j'ai ressenti le besoin de servir, j'ai ressenti le besoin de protéger les personnes que j'aime mais aussi, les intérêts de mon pays.

Caporal-chef Manuel Cabrita, discours au Sénat (extrait), 14 novembre 2019

Introduction

Il est des rencontres qui vous laissent une empreinte ineffable.

Pour ma part, j'ai rencontré le caporal-chef Manuel Cabrita à plusieurs reprises après le « Boom Day », ainsi qu'il nomme le jour fatidique de sa blessure. La première fois en 2017, alors qu'il était hospitalisé dans le service de chirurgie de l'hôpital d'instruction des armées Percy, à Clamart, après son séjour en réanimation.

J'accompagnais la ministre des Armées, Florence Parly, qui, de même que les autorités militaires, rend régulièrement visite aux blessés de guerre hospitalisés. Manuel Cabrita était assis dans sa chambre d'hôpital et nous a accueillies avec le sourire. Il n'est pas courant de voir un grand blessé sourire si tôt après sa blessure. L'humour qui ponctue ses réponses aux questions d'Alexis Bataille n'a rien d'artificiel. Il fait partie de sa personnalité, et sa capacité d'autodérision fertilise chaque instant, y compris les plus difficiles.

Je me souviens aussi de la journée des blessés de l'armée de terre, en 2018. Après une cérémonie présidée par le général d'armée Jean-Pierre Bosser, alors chef d'état-major de l'armée de terre, dans la cour de l'école du Val-de-Grâce, à Paris, un footing matinal a rassemblé plusieurs centaines de participants militaires jusqu'à l'Hôtel national des Invalides. Certains, dont j'étais, les accompagnaient à vélo.

Je garde le souvenir vivace, tout au long du parcours, du rire de Manuel Cabrita, pour lequel un tandem spécial avait été aménagé. Un rire traduisant son plaisir de se retrouver parmi ses frères d'armes, et sa capacité à savourer l'instant présent. Un présent enrichi de la présence douce et discrète – en un mot, admirable – de son épouse.

Il est cependant souhaitable que cet humour ne fasse pas oublier les difficultés du parcours de reconstruction, que Manuel Cabrita nous brosse par petites touches pudiques, laissant sans pathos une large place à notre propre perception.

Réfléchir à la nature de l'état de soldat porte à l'introspection citoyenne. Nos concitoyens expriment, dans une nette majorité, une grande confiance dans l'armée de leur pays. Mais, en dehors du défilé du 14 Juillet ou de l'affliction nationale lors de l'annonce de la blessure ou du décès d'un soldat en opérations, prennent-ils la mesure de la valeur de ces femmes et de ces hommes qui se consacrent à la défense armée de la France ?

Être soldat, comme le dépeint Manuel Cabrita, c'est certes connaître les risques, les dangers et les menaces qu'il faut affronter en opérations. C'est comprendre que le prix à payer peut en être la blessure – physique ou psychique –, voire la mort, ce « sacrifice suprême » qui, pour être implicitement consenti, ne peut pas, ne doit pas être banalisé.

Être soldat, c'est accepter, malgré ces risques, de partir en opérations avec ses frères d'armes et d'accomplir sans défaillir les missions assignées. Peu importent les efforts, seule compte la réussite de la mission. Parce que le désir de défendre les intérêts de la France est le moteur de cet engagement. Parce que le sens du devoir et de l'honneur en est le carburant. Lorsqu'ils voient un soldat, il serait hautement souhaitable que nos concitoyens perçoivent la puissance de son engagement, l'intensité de la force morale qui l'anime, la beauté de son désir de servir, la performance de l'entraînement impitoyable qu'il a suivi. Tant qu'une telle capacité d'engagement existe, tous les espoirs sont permis.

Mes réactions personnelles au témoignage que nous livre Manuel Cabrita dans cet ouvrage, tiennent en deux mots : respect et reconnaissance. Il s'est engagé après avoir assisté à la barbarie des attentats du 11 septembre 2001. Il a choisi d'être, en sus d'un combattant, un sauveteur au combat, en une sorte de dimension supplémentaire à son désir de servir. Année après année, mission après mission, il a résolument suivi le parcours d'un soldat de plus en plus aguerri.

Et, depuis sa blessure, il vit le cheminement d'un grand blessé de guerre.

Il n'est pas facile pour un blessé de guerre d'évoquer l'intime de sa blessure et de son cheminement profond dans les méandres de la reconstruction. C'est même exceptionnel en dehors du colloque singulier des consultations auprès des médecins militaires ou de l'enceinte confidentielle du cercle familial et amical. Manuel Cabrita nous offre ici, par l'entremise d'Alexis Bataille, un récit personnel, tout en authenticité et en retenue. Ce cheminement exige un courage de tous les instants, car il est long et ardu, terriblement sans retour en arrière possible. Il faut au contraire pouvoir aller de l'avant, par-delà les entraves physiques d'un corps différent, par-delà les entraves psychiques d'un esprit marqué par le stress post-traumatique.

Le précieux partage que représente cet ouvrage est source d'une réflexion plus globale sur l'état de blessé de guerre, comme conséquence durable du don de soi sur l'autel de la participation à une mission opérationnelle militaire. À ce titre, chacun d'entre nous ne doit-il pas une considération infinie aux blessés de guerre ?

Comme l'a exprimé Clemenceau : « Ces Français que nous fûmes contraints de jeter dans la bataille, ils ont des droits sur nous. […] Nous leur devons tout, sans aucune réserve[1]. » Plus proche de nous, le médecin militaire Nicolas Zeller n'évoque-t-il pas « le piège de la normalisation », c'est-à-dire de la banalisation de l'état de militaire, et ne souligne-t-il pas le fait que

1. Discours du 20 novembre 1917.

« l'amour qu'on peut offrir à un soldat, la considération qu'on lui porte et les particularités qu'on lui reconnaît peuvent [...] souder la nation »[1] ?

Entrevoir, devant un blessé de guerre, l'ampleur et la singularité de son engagement, nous grandit comme citoyens et nous densifie comme humains. Encore faut-il que notre société soit prête à écouter son histoire et à en percevoir le sens. Ainsi ne ferons-nous plus taire les enfants curieux devant les séquelles visibles des blessures du corps, et serons-nous compréhensifs devant les séquelles des blessures invisibles de l'esprit. Ainsi marquerons-nous tout naturellement, au quotidien, notre estime et notre reconnaissance à nos blessés de guerre.

Oui, au titre de ce qu'il a accompli comme de ce qu'il représente, Manuel Cabrita reste un soldat. Ou plutôt, il *est* un soldat, et nous pouvons être fiers collectivement de tout ce que cela signifie.

Maryline Gygax-Genero, *médecin générale des armées (2e section), directrice centrale du Service de santé des armées (2017-2020)*

1. Nicolas Zeller, *Corps et âme. Un médecin des forces spéciales témoigne*, Paris, Tallandier, 2021.

1

Bilan suspendu

Nous ne sommes pas seulement corps, ou seulement esprit ; nous sommes corps et esprit tout ensemble.

George Sand, *Histoire de ma vie*

Alexis Bataille. – Manuel, le 31 juillet 2017, ta vie prenait une autre tournure. En effet, au Mali, dans le cadre d'un convoi militaire, le véhicule, dans lequel tu étais, roule sur un engin explosif artisanal. La suite, nous la connaissons. Pour autant, aujourd'hui, permets-moi de te poser cette question simple : comment vas-tu ?

Manuel Cabrita. – Aujourd'hui, je continue mon réapprentissage de la vie. Disons plus simplement que j'essaie d'avoir une vie « normale » dans un corps « particulier ».

Qu'est-ce que tu appelles « corps particulier » ?

Malheureusement, le jour de l'accident, j'ai perdu un bras et une jambe. Mon visage a été également touché. Aussi, ce sont des choses que l'on remarque tout de suite. Le physique. Puis, après, il y a tout ce que l'on ne voit pas. Le psychique. Toutes ces choses qui m'empêchent de m'endormir, toutes ces choses qui me réveillent la nuit, toutes ces choses qui me donnent des « coups de blues ».

Paradoxalement, celles-ci me donnent également des coups de fouet mais aussi des moments de bonheur. Dès lors que je prends conscience de mon état, je me dis : « Mais de quoi je me plains ? » En effet, toutes ces douleurs physiques et morales, ces « vagues à l'âme » me témoignent tout simplement d'une chance : je suis en vie.

De cette vie, parlons-en. As-tu la sensation d'avoir vécu une vie avant et d'entamer une nouvelle vie après ton accident ou bien la vie continue-t-elle ?

Non, non. Clairement, il y a une vie d'avant et une vie d'après. C'est une certitude.

Néanmoins, j'ai gardé l'essentiel. Par exemple, ma vie privée, malgré le fait qu'elle ait elle-même connue quelques aléas, et c'est bien normal, n'a pas souffert d'une désertion amicale. Les amis, les vrais amis, que j'avais avant, restent ceux d'aujourd'hui. Tu sais, je crois que j'ai réellement beaucoup de chance. Je suis très bien entouré. C'est une force. C'est ma force.

Sur l'aspect professionnel, c'est un peu plus différent. Ma vie d'avant était faite d'actions et d'activités sportives. Elle bougeait plus que maintenant ! Aujourd'hui, il faut être objectif, je ne peux plus faire le dixième de ce que je faisais avant. Ce n'est plus possible de crapahuter, de sauter un mur, d'aller dans un trou ou bien de ramper. Impossible.

Socialement, la vie d'après est aussi un peu plus compliquée. Les personnes qui me connaissent ont pour habitude de dire que je suis resté le même. Mais, lorsque l'on est blessé, j'ai l'impression que l'on devient une sorte d'acteur social. C'est une sorte de dédoublement de la personnalité. Il y a l'image que l'on veut donner. Une vraie carapace que je revêts en même temps que mes prothèses. Puis, il y a le vrai Manu… (*Silence*).

Au fond, ce Manu, dans les coulisses, c'est celui qui regarde la vie sous un autre angle. Positif ou négatif… C'est comme ça… (*Silence*).

J'oubliais ! Il y a le regard des autres. Ça c'est très important. Ce qui me touche le moins, c'est le regard des enfants. Ils sont très curieux mais ce n'est pas leur faute. Il y en a même qui me posent des questions et j'y réponds toujours. J'aime bien.

Toutefois, ce qui me touche le plus, c'est le regard des parents, à côté de leurs enfants. Généralement, ils leur demandent de ne pas me regarder et de ne surtout pas me poser de questions. Peut-être tentent-ils de les préserver de mes explications… C'est dommage…

Comment tu interprètes cette réaction ?

Je pense que c'est de la pitié. Tu sais, la plupart des personnes qui croisent un handicapé se disent : « Oh, le pauvre » .... Or, pourquoi cette réaction ?

Ce statut de personne handicapée est tristement ambivalent. Lorsque je croise des personnes dans une grande surface, les personnes ne prennent pas le temps de discuter avec moi. Normal. Je passe dans un rayon, le gamin me dévisage, tire les mains de sa mère en lui disant : « Regarde, regarde », sa mère lui répond de ne pas le faire. Je suis un handicapé.

A contrario, tu as aussi une réaction un poil trop empathique. Du style « Oh mon Dieu monsieur. Allez-y, passez ! Qu'est-ce vous devez vivre ! Qu'est-ce que vous devez souffrir ! »

Il n'y a pas de juste milieu dans l'attitude des autres. Soit l'ignorance, soit la pitié.

Or, si les personnes prenaient, parfois, un peu plus de temps pour l'échange, elles se rendraient compte que je suis une personne similaire aux autres, avec mes envies, mes qualités et mes défauts. Après tout cela, la seule différence qui resterait entre nous serait que je ne marche pas (*Rires*).

Quoique, en parlant de marche, laisse-moi te raconter une autre anecdote. Tu sais que je n'utilise pas tout le temps mon fauteuil roulant électrique. J'ai un appareillage. Une prothèse de bras et de jambe. Il m'arrive souvent de les porter. Seulement, ça ne fait pas de moi un coureur de fond, bien au contraire ! (*Rires*).

De fait, je marche lentement, je claudique. Ce qui a pour effet de faire râler les autres. Je deviens une autre forme de handicapé. Un boiteux qui emmerde tout le monde. Tu vois ce que je veux dire ? À vrai dire, mon fauteuil roulant, au-delà de l'imaginaire qu'il peut représenter chez beaucoup de monde, est une forme de protection. C'est ma coquille. Les gens se décalent, me laissent passer.

Mais, quand je suis debout, habillé d'un jean, la prothèse de jambe devient invisible. Dans le métro, sur le trottoir, j'entends souvent pester, souffler parce que je ralentis le flux. Il est même arrivé que l'on me bouscule, c'est dire !

Justement, tout à l'heure tu as évoqué cette face cachée de toi. Qu'est-ce qu'elle a envie de leur dire, dans ces moments-là, à ces personnes ?

Moi, j'ai envie de leur dire une seule chose : vivez votre vie et ne me prêtez pas trop d'attention. Un bonjour me suffit mais oubliez le reste. Ne me dévisagez pas, ne me prenez pas pour un enfant. Parce que ça aussi, c'est un biais négatif de l'autre. Qui a tendance à infantiliser la personne handicapée parce qu'elle est handicapée. Il n'est pas rare que l'on s'adresse à moi comme si j'avais deux ans !

Hélas, que faire ? Que dire, en définitive ? Tu ne peux pas envoyer paître les gens. J'ai un savoir-vivre, une éducation. Tu ne peux pas leur dire : « ÉCOUTE, arrête de me parler comme ça. » Alors, je ronge mon frein à coups de « merci beaucoup », « c'est gentil ».

Je pense que la bonne attitude à adopter, c'est celle du naturel. Comportez-vous normalement avec une personne handicapée. Et même, si vous n'avez pas envie de me dire bonjour, ne me dites pas bonjour ! Après tout, on n'est pas obligé d'apprécier tout le monde, peut-être que moi non plus leur visage ne me revient pas ! (*Rires*).

Toutefois, il faut garder à l'esprit que c'est ton physique qui détermine ton niveau de handicap et donc la réaction des gens.

Sur ce point, la blessure physique n'est jamais bien loin de la blessure psychique. Depuis ton accident, où en es-tu psychologiquement sur ton parcours de réhabilitation ?

Dans mon discours, on pourrait croire que tout va bien et ça me dessert souvent. C'est assez subtil. Je donne l'impression que je vais bien parce que les gens veulent que j'aille bien. Au fur et à mesure, tu découvriras, au fond, que c'est différent… (*Silence*).

Avec une prothèse de bras et une prothèse de jambe, je dois reconnaître que le schéma corporel en a pris « un coup ». Aujourd'hui, il est encore trop tôt pour reconnaître l'acceptation de ce nouveau corps. Impossible. Mon nouveau corps doit faire partie de ma nouvelle vie. Elle se met à peine en place…

Tout à l'heure tu posais la question de la vie d'avant et de la vie d'après. Je te le confirme une nouvelle fois : oui, il y a bien un avant et un après.

Par exemple, la maison où je vis actuellement est celle qui correspondait à ma vie d'avant. Avec mes deux bras, avec mes deux jambes. Une vie d'activité donc, y compris les plus basiques. Je voulais prendre un verre d'eau, je le faisais.

Or, l'ensemble des habitudes et des gestes qui ont été mis en place durant les trente-cinq premières années de ma vie doit être revu. Parce que lorsque tu es assis sur un fauteuil, hélas, tu n'as pas facilement, voire pas du tout accès à ce fameux verre d'eau. Par conséquent, pour bien d'autres éléments d'architecture, je vis maintenant dans 50 % de ma maison car le reste n'est plus adapté.

Pour tout te dire, je suis encore dans une pensée qui rejette le handicap, étant donné que je refuse que ma maison ressemble à une maison de handicapé. Je n'ai pas encore envie de vivre dans une maison hôpital...

Au-delà de cet aspect, je le répète, j'ai beaucoup de chance. J'avance. Avec mon épouse, Agnès, ça fonctionne bien. Elle me soutient énormément. Ce qui n'est pas toujours le cas de tous mes autres camarades blessés de guerre. Malheureusement pour certains d'entre eux, leur épouse, elle aussi, fait dorénavant partie de leur vie d'avant...

Sur ce point, je plaisante souvent avec ça mais je tiens à le dire, je n'ai franchement pas assuré le service après-vente. Ma femme a épousé un mec avec deux bras, deux jambes. Aujourd'hui, elle a un handicapé. Si Agnès avait voulu partir, j'aurais respecté ce choix.

À ce propos, le blessé de guerre a une place privilégiée dans les échanges mais l'on parle rarement de sa compagne ou de son compagnon. Comment va Agnès ?

Reprenons la base. Le 31 juillet 2017, elle était au travail. Elle reçoit un appel du régiment. « Votre mari a un accident, il est mort. » Puis, second coup de téléphone pour dire, cette fois, que j'étais vivant. Et, troisième appel précisant que j'étais tout de même « très mal en point ». Le soir même, une délégation militaire arrive chez nous. Bien évidemment, elle a tout de suite imaginé le pire… Dès le lendemain, elle était à l'hôpital d'instruction des armées Percy afin d'attendre mon arrivée en Falcon médicalisé.

Alors oui, je crois qu'on peut le dire, cela a été marquant pour elle aussi. Un traumatisme. Il ne s'agit pas d'une blessure physique mais bel et bien d'une énorme blessure psychique…

Quels sont vos projets aujourd'hui ?

On doit bien être les seuls à avoir trouvé du positif au confinement (*Rires*). En effet, Agnès quitte son travail. Le confinement lui a prouvé que c'était tout de même un grand bonheur de vivre ensemble, tout le temps. D'une part, parce que cela lui permet de prendre un vrai temps pour elle, et puis parce que j'ai un besoin essentiel d'un tiers, et autant que ce soit elle. Demain, c'est son dernier jour. Enfin, nous allons nous retrouver dans cette nouvelle vie que l'on va commencer.

C'est intéressant, ce que tu dis. Tu parles de cette nouvelle vie qui commence, c'est donc cette nouvelle vie à deux, si je comprends bien. Mais, depuis ton accident, qu'est-ce qu'il y a eu ? Il n'y a pas eu de vie ? Qu'est-ce que c'était, cet espace, ces années, entre ton accident et aujourd'hui ?

Non, il n'y a pas eu de vie. Il y a eu un long chemin, qui n'est pas terminé. Comme tu le sais, au moment où l'on échange par téléphone, je suis encore à l'hôpital d'instruction des armées Percy pour un échange de prothèses. C'est donc loin d'être terminé.

Dans cet espace de l'accident à nos jours, il n'y a pas eu de plaisirs. Hormis un voyage à Miami que l'on s'est autorisé avec Agnès, avant toutes ces histoires de Covid. C'était une récompense et un moment pour souffler. Mais ça ne représente qu'une infime parenthèse dans cet espace rempli d'opérations, de déceptions, notamment sur les chirurgies de moignon qui ont nécessité de multiples reprises chirurgicales et un gros travail de rééducation avec les prothèses.

En fait, depuis le 31 juillet 2017, toute ma vie tourne autour de l'accident. Un seul sens, une seule dynamique. Agnès et moi, on le savait. Il fallait faire les choses et bien les faire. On a beaucoup discuté et échangé. C'est notre principal levier d'action. Il nous permet de nous projeter aujourd'hui dans cette deuxième vie.

À cette occasion, d'ailleurs, je dois dire que l'on ne s'est pas redécouverts, mais presque ! (*Rires*).

Cet avenir, tu l'envisages positif ?

Positif, je ne sais pas. Le mieux possible, je l'espère. Pour le moins, un avenir possible et différent avec Agnès, évidemment. Nous projetons d'acquérir une résidence dans le sud de la France, d'avoir un chien…

Depuis l'accident, j'ai l'habitude de dire que j'ai quitté la « matrice ». C'est-à-dire le rythme métro-boulot-dodo. Lorsque j'étais militaire, j'habitais loin du régiment, je me levais tôt, je rentrais tard. Je partais régulièrement en mission sur des périodes comprises entre quatre et six mois.

Un brin carriériste, ça me convenait bien comme ça, puisque c'était la seule chose que je connaissais… Néanmoins, dans cette vie-là il est difficile de trouver beaucoup de temps à consacrer à soi, aux autres, aux loisirs. Cette vie, tout le monde la connaît.

Or, la blessure a tout arrêté. Sans transition. Du jour au lendemain, je me suis réveillé à Paris.

Aujourd'hui, il va me falloir réapprendre à vivre toute l'année avec mon épouse et il va falloir que je prenne conscience que le rythme soutenu de la vie s'arrête. Accepter de vivre en parallèle du monde, d'un monde où l'hyperactivité règne et où personne ne se rend compte qu'il est pris dans le même tourbillon que le mien lorsque j'en étais. C'est une sensation étrange.

À partir de demain, Agnès quitte elle aussi un peu de cette vie-là et me rejoint dans mon « monde parallèle » (*Rires*).

Regrettes-tu ta vie d'avant ?

J'irais beaucoup plus loin que ça. Je regrette énormément ma vie d'avant pour tous ces aspects positifs dont on a déjà pu discuter. Cependant, je regrette encore plus ma vie d'avant car je n'avais pas tout à fait conscience de vivre la folle marche du monde. Je ne prenais pas, en réalité, le temps de vivre. Si j'avais su, je me serais peut-être davantage freiné. L'opération Barkhane, par exemple, c'était ma dixième mission, censée être la dernière, d'ailleurs. Si je ne l'avais pas faite, peut-être que j'aurais encore mon bras et ma jambe. J'aurais pris ma retraite militaire, j'aurais changé de travail et j'aurais pu continuer ma vie d'avant. Celle que je m'étais forgée et construite…

Pour autant, je n'ai pas de regrets vis-à-vis de l'armée. Je n'en aurai jamais. Ça ne s'explique pas, c'est comme ça. Lorsque l'on part dix fois en mission, que l'on est conscient du risque et du danger, c'est qu'il y a plein de sentiments derrière et certainement pas de ressentiments… (*Silence*).

Au final, Manu, hier, c'était la vie, aujourd'hui, on ne sait pas trop ce que c'est. Une phase de transition, sans doute. Et, demain, c'est à nouveau la vie ?

Une nouvelle vie. La vie adaptée, mais la vie quand même ! (*Rires*).

2

L'engagement

Le bon combat est celui qui
est engagé au nom des rêves.

Paulo Coehlo, *Le Pèlerin de Compostelle*

Avant de t'engager, est-ce que tu te retrouvais dans les valeurs véhiculées par l'armée ?

Non, je ne pense pas. J'ai découvert les valeurs de l'armée au fur et à mesure. À vrai dire, je n'avais pas pensé vivre l'engagement avant d'assister devant ma télévision aux événements du 11 septembre 2001.

C'est une date qui a éveillé ta conscience vis-à-vis de l'engagement ?

Oui, clairement. J'ai pris conscience à cet instant qu'il n'était pas normal que d'autres personnes puissent donner la mort, impunément. Avant cette date, je n'avais pas du tout ce regard. Je ne viens pas d'un milieu militaire, personne n'a pu me conseiller ou m'orienter. À cette occasion, je suis même devenu le premier « mili » de la famille (*Rires*).

Comment a réagi ton entourage lorsque tu lui as parlé de ton futur engagement ?

J'en ai beaucoup discuté avec Agnès, je la connaissais déjà à cette époque. Elle m'a mis en garde, au début en tout cas mais, c'était ma petite copine à cette époque, je pense que je ne l'écoutais pas plus que ça.

Pour le reste, ma famille directe, je n'en ai pas réellement… En définitive, rien ne me freinait dans cette direction. J'y suis allé la fleur au fusil comme j'aurais pu le faire pour une autre orientation professionnelle.

Pourquoi ce choix particulier d'engagement auprès du régiment médical ?

À ce moment-là, il existait trois journées de présélection. Comme je suis originaire de Saint-Étienne, ça s'est déroulé au quartier général Frère à Lyon. Au programme, sports, tests d'aptitudes… Puis, au regard des résultats obtenus, tu étais placé dans une catégorie correspondant à une affectation.

Pour mon cas, à l'issue des tests, l'on m'a proposé le 3e régiment d'infanterie de marine à Vannes… Autant te dire que je n'étais pas très motivé car passer le week-end dans le train, ce n'était pas mon rêve ! (*Rires*). En effet, j'avais déjà ma petite copine, Agnès, et il me semble que l'on vivait déjà ensemble, dans un appartement. C'est ce que j'ai d'ailleurs dit au recruteur en lui opposant mon refus !

Je ne regrette pas ma décision mais, bien plus tard, j'ai appris que ce régiment était le plus titré des troupes de marine. C'était tout de même assez prestigieux et honorant de penser que j'avais toutes les compétences requises pour m'y épanouir. Soit !

Donc refus net. Mon recruteur fut compréhensif et m'a rappelé quelques jours plus tard. Cette fois, l'on me propose une place au 11e régiment d'artillerie de marine à Canjuers dans le Sud. Waaouh ! Le grand écart ! Mais, même problème…

Évidemment, le recruteur s'est un peu agacé en me rétorquant : « On ne choisit pas son affectation. » Face à lui, j'avais déjà un peu d'aplomb, mon jeune parcours professionnel faisant que j'avais un petit peu d'expérience professionnelle et de maturité, je lui ai répondu tout net : « Merci beaucoup. Je crois que ce n'est pas fait pour moi. »

En fait, je me suis résigné assez vite en me disant que la France n'avait pas besoin de moi et la vie a tout de suite repris son cours… Surprise ! Deux jours après, le même recruteur au bout du fil. Dernière proposition de sa part, la Valbonne, au 68e régiment d'artillerie d'Afrique. Banco ! Bon, il m'a un peu menti en me disant que c'était à Lyon et il a bien fait car j'ai accepté (*Rires*).

Presque dans la foulée, me voilà donc au 68e régiment d'artillerie d'Afrique pour y faire mes classes. Destiné à devenir artilleur. Mais très rapidement je me suis rendu compte que porter des obus et les mettre dans un tube, ça ne me convenait pas… En parallèle de cela, je découvrais la spécialité de sauveteur-secouriste au combat proposé par le 3e régiment médical, accolé au premier régiment, sur la même base.

Aussitôt, j'ai demandé à faire la bascule afin de me destiner à cette spécificité militaire qui me plaisait énormément. Son aspect technique m'a beaucoup parlé et m'a procuré une forme de défi. En effet, après avoir choisi la voie de l'apprentissage à la sortie de la troisième, j'ai assez vite quitté le chemin scolaire classique. Ainsi, devenir sauveteur-secouriste au combat, c'était accepter de retourner sur les bancs de la formation pour apprendre de nouvelles choses et passer des examens.

Puis, d'examens en examens, de réussite en réussite, j'y suis resté et j'ai eu la carrière que j'ai souhaitée. En tout cas, que j'ai voulue.

Au début de ton engagement, il n'y a pas eu de regrets ?

Pas du tout ! Mes classes étaient géniales. J'avais l'impression d'être en perpétuelle découverte d'un monde que je ne connaissais pas. Ne venant pas de ce milieu militaire, personne ne m'avait expliqué le programme. J'étais une forme de touriste. J'ai tout découvert sur place.

Un endroit où nous étions formés par les « vieux de la vieille » qui avaient formé la plupart des appelés du contingent. Des militaires qui avaient un petit « pet au casque » (*Rires*). Sans caricature, ils nous faisaient nous rassembler en pleine nuit parce qu'ils avaient fêté le beaujolais nouveau, ils pouvaient nous insulter ou donner des coups… Bref, l'armée telle que l'ont connue nos parents !

Néanmoins, une chose est sûre, à chaque fois qu'ils nous faisaient vivre ce genre de péripéties, je devais être le seul à être comme un petit fou, à me dire tout simplement une chose : « C'est dingue ! »

Raconte-moi ton arrivée au RMED.

Je vais te dire une chose. Une seule. À l'époque, on prêtait une attention aux « anciens ». On se dirigeait vers eux et on écoutait leurs conseils avisés. J'ai remarqué que les jeunes engagés ne le font plus…

Aussi, je suis tombé sur d'anciens caporaux-chefs qui m'ont tout de suite dit : « Écoute, si tu veux une belle carrière, passe tes examens, réussis-les et, une fois en poche, pars en mission. Tu vas t'éclater. » Ils avaient raison !

Dans mon contingent, beaucoup de mes camarades sont partis en Opex. Moi-même, j'ai eu cette proposition pour la Côte d'Ivoire. Heureusement, ça ne s'est pas fait et cela m'a permis de suivre les conseils de mes anciens puisque j'en ai profité pour obtenir l'ensemble des diplômes militaires et civils *ad hoc*. À cette époque, j'étais première classe et j'avais déjà le diplôme pour devenir caporal.

Pour finir, deux années sont passées avant de pouvoir partir en mission pour la première fois. Une projection Proterre en Nouvelle-Calédonie dans les années 2003-2004. Et, dès l'instant où je suis arrivé sur le terrain, la parole des anciens ne s'était pas trompée, je me suis amusé.

Tu parles de la nouvelle génération d'engagés. As-tu vu une évolution dans les motivations à l'engagement ?

Oui, un peu. Normal. La population militaire est similaire à la population civile, y compris dans ses différences d'évolution. Ne serait-ce qu'au travers des mentalités ou des nouvelles technologies qui modifient nos rapports. À l'armée, c'est la même chose.

Un jeune qui s'engage aujourd'hui ne s'engage pas pour les mêmes raisons qu'il y a vingt ans. La façon même de s'engager est différente. Les anciens, parce qu'ils voyaient une différence avec eux, disaient déjà de nous, à notre époque : « Armée 2000, armée de civils. » Donc autant te dire que c'est un débat qui ne date pas d'hier !

L'armée évolue de son côté. Les textes, les règlements se modifient. En cela, l'armée d'aujourd'hui ne peut pas être celle d'hier. C'est une évidence.

Lorsque l'on signe son contrat, il est fait mention du possible « sacrifice ultime ». Y as-tu pensé ?

Pas lors de mon premier contrat. J'avais 18 ans, je n'y pensais pas. Comme je te l'ai dit, j'y suis allé avec beaucoup d'entrain. Personne ne m'a dit : « Attention, tu vas dans une direction où tu risques de mourir. » Au second contrat, j'y ai pensé. Cela ne m'a pas empêché de le faire ! En effet, ce n'est pas parce que l'on accepte cette clause du possible que l'on accepte d'abord de mourir. Dans mon cas, on s'engage pour sauver, pour secourir et non pas pour mourir.

Personne ne s'engage pour mourir. Nous sommes conscients du danger. Le risque est là, bien présent. Comme lors de ta première mission où le camp se fait canarder depuis une semaine ou que pendant les sorties hors zones, tu reçois le même accueil, évidemment tu en prends conscience. C'est clair. Mais, tu sais pourquoi tu risques ta peau. Tu défends tes valeurs. Sans valeurs, l'on n'est plus rien.

Tes valeurs, parlons-en. Quelles sont-elles ?

Ça n'engage que moi, mais, je pense avoir de bonnes valeurs. On aime bien s'autogratifier (*Rires*). Plus sérieusement, je les défends, ces valeurs. Elles sont nobles car elles ne me concernent pas directement, elles sont tournées vers l'autre.

Défendre mon pays, le servir à l'étranger. Cela va au-delà du seul aspect de le représenter en dehors de ses frontières, ma vision des choses dépasse ce simple cadre. J'irais beaucoup plus loin que ça. Je défends ses intérêts. Je me bats pour que la France soit toujours au sommet. Je me bats pour toutes ces petites choses qui font, me semble-t-il, que la France est un grand pays.

Cela me traversait toujours l'esprit lorsque, au milieu des combats, tu sauves des familles parce qu'elles n'appartiennent pas aux mêmes ethnies, à la même religion… C'est une belle récompense. Dans ces conditions, j'estime que ce n'est pas Manuel qui s'interpose, c'est la France. Un pays qui protège ces personnes-là. Un pays pour qui l'humanisme n'est pas un vain mot.

En somme, mon engagement n'est pas un acte personnel, je l'ai fait pour les autres. Rien que les autres. L'altruisme, voilà ma plus belle valeur. J'en suis convaincu.

Crois-tu que ton expérience de grand blessé de guerre soit un modèle d'inspiration, un exemple, pour un jeune engagé ou, au contraire, pourrait le faire fuir ?

Tout dépend du jeune. S'il s'arrête à l'histoire du blessé, à sa blessure, oui. Évidemment. Ça ne peut que mettre un frein à sa volonté d'engagement parce que je suis la preuve vivante d'une partie du risque dont on a parlé tout à l'heure. Cependant, s'il dépasse ce premier abord en recherchant les raisons de ma vocation militaire et la nature de mon accident, il comprendra très vite que je continue à porter l'armée dans mes tripes. Quoi qu'il en coûte.

De fait, l'expérience que je pourrais partager avec lui n'est pas celle d'un grand blessé mais d'un militaire parmi tant d'autres, ayant vécu une vie professionnelle contenant une multitude de bonheurs, de souvenirs. C'est une expérience bornée d'aspects positifs.

Hélas, je ne suis pas la meilleure publicité pour les armées (*Rires*). Si on me met dans une vitrine dans le cadre d'une campagne de recrutement, je suis clairement un mauvais produit d'appel (*Rires*).

Si tu devais résumer ton expérience, que dirais-tu ?

Sans tomber dans la mauvaise caricature, je dirais que j'ai trouvé une grande famille dans les armées.

À tout le moins, des amis, des vrais, qui deviennent, à la force du temps, ta famille… Un essentiel qui m'a beaucoup aidé durant cette épreuve. Tu ne peux pas te rendre compte de la puissance de ce soutien… (*Silence*).

Enfin, que dirais-tu à un jeune qui hésite à vivre l'engagement ?

Que ton oui soit oui, que ton non soit non. En gros, n'hésite pas. Sois tu dis oui, sois tu dis non mais détermine-toi ! Je crois que tout est dit lorsque l'on évoque la signature d'un contrat militaire. C'est un engagement. Si tu y vas, fais-le à fond car la retenue ne te fera pas apprécier le quart de l'expérience.

Tout en ayant conscience que la vie militaire est faite d'aspects positifs et négatifs, c'est une réalité. C'est la juste compréhension de mes motivations qui permet d'argumenter ma propre volonté d'engagement. Il faut savoir ce que l'on vient chercher, il faut connaître ce que l'on peut apporter aux armées. Si c'est le cas, fonce !

3

Le régiment médical (RMED)

Attaché par essence au Service de santé des armées (SSA), le RMED est néanmoins une unité de l'armée de terre[1].

En effet, même s'il participe principalement au soutien médical des forces, le régiment médical est l'héritier d'une histoire militaire ancrée dans la pure tradition de l'armée de terre.

Depuis le 4 juillet 2011, le régiment médical rassemble sous une même bannière plusieurs entités militaires anciennement dévolues aux mêmes missions de protection, de formation et de mise en œuvre de l'offre sanitaire militaire au plus proche des combattants et des besoins de la Nation.

---

1. « Régiment médical ». Disponible sur : https://www.defense.gouv.fr/terre/l-armee-de-terre/le-niveau-divisionnaire/commandement-de-la-logistique/regiment-medical

« Je me considérerai toujours comme un auxiliaire sanitaire. J'ai ça dans le sang. Le RMED dégage une belle ambition de l'engagement telle que je la considère : complètement tournée vers l'autre. »

Rassemblé sur le camp de La Valbonne, à proximité de Lyon, le régiment médical est une force vive qui allie compétences, expertise et efficacité au service des forces armées et cela aux quatre coins du territoire mais aussi en opérations extérieures.

Commandé par un officier médecin/pharmacien ou vétérinaire, le régiment médical s'est notamment illustré par sa participation récente à l'opération Tamarin en Guinée-Conakry, lors de la pandémie Ebola en 2015 et au cours de l'opération Résilience engagée dans la lutte contre le Covid-19[1].

De façon plus précise, le régiment médical permet le déploiement des unités médicales opérationnelles (UMO) du SSA, intègre la formation continue des militaires et contribue à leur aguerrissement au soutien sanitaire, se révélant, de toute évidence, particulier dans un contexte de conflits.

1. « Le RMED sur le front ». Disponible sur : https://www.defense.gouv.fr/web-documentaire/tim-juin-2020/le-rmed-sur-le-front.html

« Lorsque nous partions en mission, j'éprouvais une certaine fierté d'appartenir à une catégorie de militaires qui étaient là, bien évidemment, pour combattre mais aussi pour soutenir les camarades. Aussi, je mesurais chaque jour l'importance du rôle que nous pouvions avoir en collaboration avec les autres professionnels de santé. »

À la fois combattant et soutien, le régiment médical est constitué de nombreux militaires spécialistes dont la variété des métiers est à son image : la polyvalence.

D'autre part, l'unité est partie prenante d'autres missions qui lui sont confiées telles que le bien connu plan Sentinelle instauré dans le cadre de la protection du territoire.

Essentiel sur le fond mais discret sur la forme, le régiment médical témoigne au quotidien de l'intérêt du transfert de savoirs militaires entre les différentes composantes des armées en affirmant le principe de la continuité de l'engagement au service de l'excellence opérationnelle.

« Pourtant, peu importe la spécificité de notre fonction, des gestes de premiers secours jusqu'au soutien psychologique, tout en passant par exemple par la réfection des pansements, nous avions un même objectif : la santé. En effet, c'est un bien précieux, d'autant plus lorsque l'on est en opération extérieure. »

Pour ainsi dire, sous l'égide de sa devise « *Servire pro salvare* » (« Servir pour sauver »)[1], cette unité incarne l'esprit de saint Luc, patron des médecins : le sacrifice comme vertu, la passion comme direction, la rigueur comme objectif.

1. « Le RMED fidèle à sa devise ». Disponible sur : https://www.defense.gouv.fr/terre/actu-terre/le-rmed-fidele-a-sa-devise

4

L'esprit mission

La non-violence est infiniment
supérieure à la violence, le pardon
est plus viril que le châtiment.
Le pardon est la parure du soldat.

Gandhi

Comment c'était, ta première mission ?

(*Rires*). C'était d'abord la première fois que je prenais l'avion. En 2003-2004, départ pour la Nouvelle-Calédonie. Une mission qui ne devait durer que quatre mois et qui s'est finalement prolongée de deux mois en raison du tsunami en Thaïlande. Tu te souviens ? Nous, nous avions senti la terre bouger en Nouvelle-Calédonie, mais la vague n'est pas venue de notre côté et cet événement climatique s'est transformé en tempête tropicale. Nous sommes donc restés un peu plus longtemps afin de soutenir les populations locales.

Si je comprends bien, c'était aussi la première fois que tu quittais la métropole ?

Et quelle première ! Le voyage vers la Nouvelle-Calédonie a été rempli d'escales. Paris-Montréal, Montréal-New York, New York-Los Angeles, Los Angeles-Hawaï, Hawaï-Tahiti, Tahiti-Nouméa... Et presque le même chemin au retour ! Pour ma première fois en avion et à l'étranger, j'ai presque fait le tour du monde en escales.

Dans l'avion, lors de l'étape à Los Angeles, un collègue me dit : « Ah oui, toi, c'est la première fois que tu prends l'avion ! », ce à quoi je réponds du tac au tac : « Plus maintenant, je l'ai pris hier » (*Rires*).

Est-ce qu'il existe un état d'esprit particulier lorsque l'on part en mission ?

Je dirais qu'il existe différents états d'esprit. Dans un premier temps, c'est l'état d'esprit général qui domine. Celui qui nous fait vibrer toute l'année de cette notion de départ « en tout temps, en tous lieux ». À ce titre, lorsqu'une mission « tombe » ; on est toujours volontaire pour la réaliser. En effet, c'est la volonté d'action qui nous anime et on aime ça, peu importent les contraintes du moment !

Puis, vient l'esprit face à la mission qui s'annonce. Quelques mois, quelques semaines avant le départ, l'on sait que l'on entre dans un circuit de préparation opérationnelle. Rencontres avec les camarades, instruction, manœuvre d'entraînement, du « drill »... Un aspect essentiel qui est le liant fondamental dans les armées, c'est le fameux « esprit de corps ».

Enfin, quelques jours avant le départ, l'état d'esprit se modifie une nouvelle fois. Néanmoins, il ne concerne pas la vie professionnelle, il a trait à notre vie privée. En effet, même si un départ en mission nous fait vibrer parce que c'est notre raison d'être militaire, nous savons que nous laissons derrière nous la famille. À ce moment-là, je dois reconnaître que le moral en prend un petit coup.

À ce titre, j'en profite pour rendre hommage à toutes celles et ceux qui forment la « base arrière » comme l'on dit dans le jargon car, pour eux, la vie continue et ils assurent ce soutien sans faille, un peu seuls, il faut le souligner. Ils mériteraient sans doute les mêmes décorations que nous. Sans signer de contrat avec l'armée, ils vivent de nombreux aspects de l'engagement !

Comme tu viens de le souligner, lors d'un départ en opération, le soutien des familles a toute son importance. Comment prépare-t-on son entourage ?

Pas de préparation, juste de la communication. Je ne suis pas du genre à y aller par quatre chemins pour annoncer un départ en mission. La transparence, il n'y a que ça de vrai, d'autant plus dans ce contexte si particulier.

Cependant, les premiers départs en opération s'annoncent avec de la joie parce que l'on a le sentiment de vivre une « consécration » professionnelle, empreint de confiance de la part de nos supérieurs. Fierté, accomplissement, beaucoup de choses se mélangent et l'annonce de l'opération n'en est que plus enjouée. Avec le temps, la discussion est un plus banale quand vient le « tour Opex ». Chacun sait ce que ça représente.

Un départ en opération, Agnès et moi, nous le préparions plutôt en envisageant le retour. La date de départ donne la date de retour. Soit pour les fêtes de Noël, soit pour les vacances estivales. Deux moments de l'année impossibles à conjuguer en simultané, tant la sujétion opérationnelle est importante. Elle implique des départs en mission sur l'une ou l'autre de ces périodes. Effectivement, en dehors des opérations extérieures, il y a aussi toutes les opérations intérieures qui viennent compléter notre planning opérationnel annuel.

Alors, envisager la date de retour, c'est une forme de préparation générale de notre entourage. Envisager la date de retour, c'est imaginer les vacances, le repos, les retrouvailles, bien méritées pour tout le monde après avoir vécu, en France ou ailleurs, l'éloignement et les contraintes psychologiques d'une opération.

Partir en mission, est-ce véritablement devenir militaire ?

Je te ferais une réponse personnelle pour plusieurs raisons. L'armée comprend différents types de soldats, différents corps de troupe et d'armée. En tout état de cause, je ne sais pas ce que représente pour eux la finalité d'être soldat.

Il y a des militaires qui vivront leur engagement sans être projetés tous les quatre matins parce que leurs fonctions ne le permettent pas. Pour autant, cela fait-il d'eux de « faux soldats » ? Pensent-ils être moins militaires que moi ? Je ne le crois pas. Nous sommes tous complémentaires dans l'action. En cela, ils sont tout aussi militaires que moi. Mon accident me l'a démontré.

Alors, laisse-moi t'expliquer ce que la mission représentait pour moi.

Quelques jours après le début de mes classes, j'ai rencontré un adjudant-chef qui avait déjà une belle carrière opérationnelle. Sa veste lourde d'un « placard » de décorations en témoignait. Constamment, il répétait une phrase, à la façon d'une ritournelle : « Il faut deux ans pour faire un bon soldat. »

À raison, il ne s'est pas trompé. Les anciens disent souvent la vérité, je te l'ai dit. J'ai mis deux années à devenir un vrai soldat et à mûrir professionnellement en acquérant des diplômes, des formations. Cela m'a permis de me dire une chose : « Ça y est, je suis projetable, je suis opérationnel ! »

En définitive, je pense être devenu soldat lorsque j'ai été suffisamment mature et prêt à vivre une opération. Aussi, ce n'est pas l'opération qui m'a fait devenir soldat, c'est le soldat que j'étais devenu qui m'a ouvert les portes de l'opérationnel. Jusqu'à mon premier départ, je n'étais qu'un élève, j'apprenais mon métier. La mission a été la consécration de ce processus.

Une fois que l'on est sur le terrain, quelle ambiance y a-t-il entre militaires ?

Sur des missions Proterre (Mission de Courte Durée, Drom-Tom…), l'ambiance générale est celle de la camaraderie parce que nous partons généralement avec l'ensemble de la compagnie. Nous nous connaissons donc pour la plupart. Les missions Proterre nous permettent de renforcer encore plus la cohésion de la compagnie par la participation à des stages commandos et engagent au dépassement de soi par l'effort, la compétition. Les missions Proterre sont également l'occasion de travailler avec d'autres armées, comme la marine nationale, et de partager des enseignements dans le cadre de manœuvre diverses.

Pour ce qui est d'une opération extérieure, l'ambiance est relativement différente, beaucoup plus concentrée, plus spécifique. L'enjeu est différent. Il est immense. Nous ne sommes plus dans un contexte de protection du territoire mais dans une mission de représentation française à l'étranger et de la défense des intérêts hors du territoire. C'est-à-dire que le danger est là, bien présent. Peu importe la qualité du mandat (OTAN, ONU…).

Sans caricaturer mon sentiment, en mission de guerre, l'ambiance est véritablement « guerrière ».

Focus sur les opérations extérieures. À quoi ressemble une journée sur place ?

Comme une journée de travail ordinaire, avec nos critères de l'ordinaire militaire ! (*Rires*). Le quotidien en opération extérieure est d'abord celui de la proximité. Tout se fait sur une toute petite zone. La douche, le repos et le repas… Qui est le dernier point ô combien important afin de garder le moral des troupes ! (*Rires*).

Dans un camp suffisamment grand, nous avons la chance de bénéficier d'un « ordinaire » suffisamment grand et de cuisiniers de grande qualité qui nous offrent la possibilité de bons repas. Tandis que, d'autres bases ne bénéficiant pas de ce dispositif, par manque évident de place, voient la « ration » de combat régner en maître six jours par semaine, à l'exclusion du repas amélioré hebdomadaire apporté par Transal ou concocté par nos soins ! On se débrouille !

Puis, l'entretien du matériel représente la grosse part du quotidien de travail hors sortie de la base. En effet, c'est grâce au matériel que l'on vit. C'est ce dernier qui nous garantit la sécurité sur le terrain et dont dépend la qualité de la mission. En complément de cela, tu retrouves les missions connexes de sécurité tout autour du camp, par rotation, assurées par des équipes dédiées. Elles forment ce que l'on appelle une « bulle de sécurité » en cas d'attaque.

En qualité de sauveteur au combat, mon quotidien était aussi rythmé par une mission d'ordre sanitaire à l'antenne médicale de la base, qui reçoit durant la journée les militaires ayant besoin d'un suivi médical ou d'une consultation particulière, car le soldat reste un être humain à part entière, avec ses bobos et ses petits problèmes de santé…

Et qu'en est-il de cette proximité H 24 ? Est-ce difficile à vivre ?

Il y a une forme d'habitude qui se prend. Nous sommes préparés à vivre dans ces conditions. Chacun essaie de se reconstituer une partie d'intimité au sein des immenses tentes plantées au milieu du désert. Un voile, un chèche posé sur la moustiquaire afin d'être à l'abri du regard des autres…

Pour exemple, au Niger, nous étions entre cent et cent vingt sur une base de la taille d'un terrain de football. Des conditions de vie qui n'ont pas, en dépit des difficultés et des conditions de stress intense, suscité les moindres difficultés.

En revanche, la proximité n'est pas si difficile que cela. On est tous dans le même bateau. Pour la plupart d'entre nous, c'est un package. Cela fait partie du job. Le bien-vivre sur un camp, c'est aussi une question de respect, y compris sur des détails. Celui qui a le plus d'importance : la douche. L'eau ne coule pas à foison sur le terrain, elle est rationnée. Ainsi, la douche un peu trop longue du collègue grappille de fait sur la quantité d'eau des autres. Autant te dire que tu ne joues pas au sauna deux fois de suite ! (*Rires*).

Sur cette base, la proximité n'est pas un problème. On s'y sent bien, on est entre nous. Nous ne sommes qu'un. C'est là que l'on retrouve cet esprit de corps, comme je le disais plus haut.

En dehors de cela, qu'est-ce qui garantit la cohésion ?

Je vais d'emblée démonter un *a priori*, ce n'est pas grâce à l'alcool ! (*Rires*). Ce qui n'est pas plus mal et cela ne nous empêche pas de rire, bien tant s'en faut ! Le soir, dans les popotes, il y a des mecs qui ont un véritable talent de comique et qui connaîtraient le succès sur les scènes de stand up ! (*Rires*).

Plus sérieusement, je pense que le fait d'être soumis à une menace latente, d'être toujours sur la défensive, nous oblige à ne faire qu'un.

Comment appréhende-t-on ce rapport permanent au danger ?

Le danger fait partie du quotidien. On le connaît. Toutefois, si on ne l'oublie pas, l'on vit avec. Cependant, lorsque ça pète, c'est un vrai coup de fouet qui nous rappelle à l'ordre. Le danger nous procure de l'adrénaline constante, c'est un peu l'essence qui alimente notre moteur du courage. Celui nous amenant à y aller même si l'on a un peu peur parce qu'il faut « faire le taf », défendre nos valeurs, la population…

Une fois que l'on a dit tout cela, peut-on s'arrêter un instant sur la famille restée en France ? Quels sont les moyens de garder le lien ?

Les moyens ont vachement évolué ! Au début de ma carrière, on s'échangeait des lettres, tu imagines ! (*Rires*). Aujourd'hui, il suffit de disposer d'une connexion internet sur le terrain pour discuter avec son entourage. Ce qui n'est pas sans être soumis à des contraintes momentanées comme la surchauffe du réseau, au moment où les cent vingt militaires se connectent en même temps, les bulles de silence ou les horaires réservés. De surcroît, n'oublions pas qu'Internet est un biais de renseignement que les ennemis peuvent utiliser contre nous. La communication extérieure fait clairement l'objet d'une attention particulière.

En toute franchise, je te dirais même que cela se déploie avec nos proches. Personne ne nous oblige à le faire mais, pour préserver ton entourage, tu es un peu obligé de mentir. Tu caches beaucoup de choses.

Ainsi, en 2009, Agnès et moi, nous communiquons sur Internet, en visio. Durant la conversation, une explosion. Face à elle, je ne réagis pas, j'écourte la conversation et je file précipitamment. Nous étions attaqués. Or, je ne pouvais rien lui dire. Sinon, quelle angoisse pour elle !

Voilà ce que c'est, la communication avec la famille et le maintien du lien, une stratégie de la préservation. Une histoire de confort, de sécurité et d'amour, sans aucun doute.

Le moment est enfin venu de nous arrêter sur cette mission de 2017…

… Une mission très particulière. Un vrai concours de circonstances. Elle devait être la dernière. Mais je n'aurais pas dû la faire. En tout cas, je n'aurais pas dû être sur la liste des départs du prochain roulement Barkhane, au Mali.

Initialement, j'étais prévu pour un départ en mission, en Côte d'Ivoire. Un soir, un mercredi, mon commandant d'unité m'appelle et me demande si je peux remplacer un camarade qui ne peut pas partir. Considérant que mon dossier était déjà prêt, j'étais le candidat idéal au remplacement, le vendredi de la même semaine !

Toutefois, si je suis militaire au régiment, je ne le suis pas à la maison ! (*Rires*). J'ai donc voulu avoir l'accord d'Agnès avant d'accepter. Normal. En discutant avec elle, il s'est avéré que le départ au Mali nous offrait un avantage. Il me permettait de rentrer plus tôt, au mois de septembre, et de nous offrir la chance de partager des vacances ensemble, en amoureux. Une situation qui ne nous était pas arrivée depuis plusieurs années… Il n'en a pas fallu plus pour dire : mission acceptée !

Ce fameux vendredi, je suis parti vers la capitale afin de prendre l'avion militaire. Toutefois, il s'est avéré que… je n'étais pas prévu sur la liste d'embarquement !

J'ai finalement pu prendre un autre vol le samedi matin, à Villacoublay cette fois, parce que l'avion militaire avait eu un problème de train d'atterrissage la veille et que son vol avait été replacé ce jour-là… Un vrai alignement des planètes !

C'est ce que tu crois ?

Oui et non, même si je suis quelqu'un de plutôt terre à terre. En revanche, à première vue, il faut au moins reconnaître que ce sont des hasards troublants. Si la destinée existe, cette partie devait être écrite…

5

L'opération Barkhane

Faisant suite à l'opération Serval, depuis le 1er août 2014, l'opération Barkhane[1] est intimement liée à la continuité de l'organisation de la défense sahélo-saharienne contre la menace terroriste, plus particulièrement dans la région du Liptako-Gourma et du Mali.

L'opération Barkhane a le souci d'organiser son action selon le principe du partenariat[2], à la fois avec les pays de la région, en contribuant au développement global de leur autonomie politique, technique et matérielle, mais aussi avec les forces internationales engagées dans ce processus d'appui, de coordination et de conseil sur le terrain.

1. « Opération Barkhane ». https://www.defense.gouv.fr/operations/afrique/bande-sahelo-saharienne/operation-barkhane/dossier-de-reference/operation-barkhane

2. « Barkhane : Les forces partenaires de l'opération Barkhane affirment une nouvelle fois leur attachement à la coopération avec les forces armées européennes ». Disponible sur : https://www.defense.gouv.fr/operations/afrique/bande-sahelo-saharienne/operation-barkhane/breves/barkhane-les-forces-partenaires-de-l-operation-barkhane-affirment-une-nouvelle-fois-leur-attachement-a-la-cooperation-avec-les-forces-armees-europeennes

« Le Mali ! Quel pays immense et intriguant. Aller au Mali, c'est très franchement une aventure collective mais aussi individuelle. Je dirais même très personnelle. En effet, aller au Mali, c'est d'abord aller à la rencontre de soi, de ses limites, de sa motivation et de capacité à résister.»

Dans sa définition générale, l'opération Barkhane est ainsi un processus de résolution de crise *in situ* qui met à disposition des partenaires un penser, un agir et une anticipation future du risque selon les différentes dimensions de la préparation opérationnelle.

D'autre part, l'opération Barkhane s'est engagée à lutter aux côtés des pays partenaires contre la menace sécuritaire qui pèse profondément sur leurs territoires et s'est imposée comme une force de stabilisation de la pression des organisations terroristes.

Son action se concentre essentiellement sur l'affaiblissement du déploiement humain et logistique des terroristes, diffus sur un large espace territorial.

« Comme pour toute opération extérieure, Barkhane est exigeante. J'avais toujours en tête qu'il fallait être concentré en permanence. Focus sur l'objectif du mandat. Vigilant sur sa sécurité et sur celle des autres. Mais, Barkhane nous place également devant une puissance particulière : la force de la nature. Celle-ci s'avère être un ennemi invisible que l'on ne contrôle pas mais qui peut avoir un impact important. Je ressens encore la chaleur brûlante du soleil à son Zénith, cette poussière ocre qui s'infiltre partout, y compris dans notre matériel, ou bien les menaces et la réalité des tempêtes de sable qui sont extrêmement nombreuses. »

Nous noterons plusieurs faits d'armes versés au profit de l'efficacité du dispositif tels que la neutralisation de plusieurs chefs militaires[1] et le démantèlement de puissants réseaux logistiques[2].

1. « Barkhane : un important cadre de l'EIGS dans le Gourma neutralisé par la force Barkhane ». Disponible sur : https://www.defense.gouv.fr/operations/actualites2/barkhane-un-important-cadre-de-l-eigs-dans-le-gourma-neutralise-par-la-force-barkhane

2. « Barkhane : destruction d'un plot logistique terroriste dans le Gourma ». Disponible sur : https://www.defense.gouv.fr/operations/afrique/bande-sahelo-saharienne/operation-barkhane/breves/barkhane-destruction-d-un-plot-logistique-terroriste-dans-le-gourma

Pour autant, la présence de forces armées sur le territoire ne se limite pas qu'à ses seules actions strictement opérationnelles. L'opération Barkhane assure d'autre part une présence constante auprès des populations locales[1], elles-mêmes fortement assujetties à la pression des groupes terroristes dans un contexte général où la précarité est déjà une réalité permanente.

Promouvant l'identification des vulnérabilités des populations, spécifiques selon le terrain, de nombreuses actions civilo-militaires de développement ont été menées à leur profit par les militaires de l'opération Barkhane, en collaboration avec les forces locales. Accès à l'éducation, aux dispositifs d'alimentation en eau, soutien médical à la population… Nombreux sont les projets[2] réalisés avec succès afin, à la fois, de faire demeurer l'esprit de dialogue interculturel et d'améliorer la résilience nationale. Deux prérequis ô combien nécessaires afin d'assurer la qualité et l'efficacité de l'opération militaire.

« L'aide médicale à la population était un moment suspendu dans le déroulement très organisé d'une mission, désaxé des objectifs stratégiques. Cependant, en

1. « Barkhane : Sécurité et aide à la population : la force, pleinement impliquée dans la stratégie 3D "diplomatie, défense, développement" ». Disponible sur : https://www.defense.gouv.fr/english/operations/afrique/bande-sahelo-saharienne/operation-barkhane/breves/barkhane-securite-et-aide-a-la-population-la-force-pleinement-impliquee-dans-la-strategie-3d-diplomatie-defense-developpement

2. « Barkhane : actions d'aide à la population à In Delimane ». Disponible sur : https://www.defense.gouv.fr/operations/actualites2/barkhane-actions-d-aide-a-la-population-a-in-delimane

faisant cela, il ne s'agissait pas de se donner bonne conscience. Non. J'avais vraiment la sensation d'être utile et d'agir pour la mission. Non pas parce que nous faisions de l'humanitaire, mais parce que nous, militaires français, prouvions simplement notre humanisme au travers de cet engagement à améliorer l'état de santé des populations locales. C'est cela ma conviction de la paix. C'est cela ma conviction du bien. »

Fort de compétences indispensables à la réalisation de ces dites missions, le dispositif de l'opération Barkhane est puissant et fait intervenir l'ensemble des acteurs du ministère des Armées. Basés au niveau de plateformes désert-relais ou sur des bases avancées temporaires, les militaires participant à l'opération Barkhane sont présents, selon la forme consacrée, « en tout temps, en tous lieux ».

Par ce fait, cela requiert d'être déployé avec une infime précision logistique, matérielle et humaine afin d'assurer la continuité opérationnelle qui est un élément indispensable à l'efficacité intrinsèque du dispositif[1].

1. « Barkhane : La logistique de combat, mission du GTD-LOG "Chambure" ». Disponible sur : https://www.defense.gouv.fr/operations/afrique/bande-sahelo-saharienne/operation-barkhane/breves/barkhane-la-logistique-de-combat-mission-du-gtd-log-chambure

« Lorsque le soleil se couche sur Barkhane, tout est très beau. Une lumière rouge-orangée s'imprime sur les tentes militaires. Quelques derniers véhicules rentrent de convois. Le camp bruisse d'une ambiance un peu sourde. Les corps fatigués s'étirent tandis que de nombreux rires fusent déjà à la popote. Au loin, le drapeau français planté au centre du camp flotte encore paisiblement pour quelques dizaines de minutes sur le mat des couleurs. Loin de nos familles, il symbolise le lien puissant qui nous rassemble par-delà les frontières : l'esprit mission. »

Ainsi, tel que le prouve son nom provenant de la forme d'un croissant de sable allongé dans le sens du vent dominant, l'opération Barkhane est une opération militaire française qui a fait preuve d'une incroyable résistance à l'effort. En effet, sa longévité est à la hauteur des nombreux enjeux portés par la lutte contre l'action terroriste, un combat qui s'inscrit indubitablement dans le temps long[1].

Toutefois, devant les résultats de l'opération Barkhane, en tant que partenaire privilégié à

1. S. Michaïlof, « Mali, une guerre sans fin ? », *Revue Défense nationale*, 807/2, 2018, p. 51-55.

l'amélioration des compétences des forces militaires au Sahel, et face à la perspective de l'entrée de plus en plus importante de pays européens dans la lutte contre le terrorisme au niveau de la bande sahélo-saharienne, en juin 2021 le président de la République Emmanuel Macron a annoncé une « transformation profonde[1] » de la présence militaire française sur ce territoire.

1. « Macron annonce la fin de l'opération Barkhane en tant que politique extérieure », *Le Point*, 10 juin 2021. Disponible sur : https://www.lepoint.fr/politique/macron-annonce-la-fin-de-l-operation-barkhane-en-tant-que-politique-exterieure-10-06-2021-2430477_20.php

6

Le « Boom Day »

Le temps n'a qu'une réalité, celle de l'instant. Autrement dit, le temps est une réalité resserrée sur l'instant et suspendue entre deux néants.

Gaston Bachelard, *L'Intuition de l'instant*

Engagé sur l'opération Barkhane, le matin du 31 juillet 2017, tu t'apprêtes à quitter le camp afin de participer à une mission opérationnelle, à l'extérieur. Comment cela se prépare ?

Il y a d'abord une préparation préalable, souvent la veille, en fin d'après-midi ou le soir. Le 30 juillet donc, nous nous sommes réunis. Ce jour-là, la personne qui gère plus ou moins les plannings au sein de la mission nous demande de nous rendre au « briefing mission ». Une sorte de réunion formelle durant laquelle le chef d'élément réunit tous les personnels qui participent à la mission, du chef de section au dernier grenadier voltigeur.

Mais il y a un hic. En effet, il existe un turn-over des équipes qui permet l'alternance entre celles en missions opérationnelles et celles assurant la sécurité sanitaire du camp. Un procédé du « coup sur deux ». Ainsi, l'équipe à laquelle j'appartiens n'était pas prévue pour un départ le lendemain… En soi, l'enchaînement des missions n'est pas très grave mais il faut savoir que chaque sortie hors du camp ne se décide pas sur un coin de table, c'est un processus décisionnel très complexe, comprenant notamment l'établissement à l'avance de la liste des personnels au départ. Tu l'auras donc compris, ainsi, nous ne faisions pas partie de la liste.

De sorte que, au briefing, le chef d'élément, qui dispose lui aussi de cette liste, a été très étonné de nous voir arriver. Pour autant, les conditions opérationnelles sont très contraintes et le temps est absolument précieux, réunir autant de personnes relève déjà à lui seul d'un défi, le chef d'élément nous intime l'ordre de rester autour du « bac à sable » (l'endroit qui sert à matérialiser le déploiement de la mission à petite échelle) et de passer la relève aux camarades initialement prévus. Reçu ! (*Rires*).

Au retour, une fois rentrés sur notre zone de vie, nous recevons finalement le contrordre ; demain, nous serons de la mission !

Aussi vite, s'enchaînent alors les automatismes de la préparation d'une mission. Contrôle du sac en premier lieu ! Car, lorsqu'on part, on ne sait jamais quand on va revenir. Il peut se passer des tas de choses (*Rires*).

Le fond de sac est essentiel. Puis, remise en condition des véhicules de l'avant blindés (VAB), rangement du matériel, vérification de l'armement et des OB (lunettes de vision nocturne). Me voilà prêt.

Est-ce que tu cèdes à un petit rituel avant une mission ?

Pas seulement avant une mission. Comme tous les soirs. J'appelle mon épouse. Cependant, au moment où je lui explique que je « sors » demain, une drôle de sentiment me traverse. Texto, je lui ai dit : « Écoute, je ne veux pas t'inquiéter, je ne la sens pas cette mission. » Une phrase, une drôle de pensée, que je n'ai prononcée que deux fois dans toute ma carrière…

Le lendemain, vous partez.

Il est près de 4 h 30 du matin. Tout le monde est déjà sur le pont. La rame de véhicules se forme. La réunion préparatoire de la veille nous a permis de savoir où et comment se positionner, chacun connaît son rôle et son équipe. Ce n'est pas silencieux mais presque, la concentration est à son plus haut niveau.

En procédant aux dernières vérifications, je constate qu'il y a un journaliste dans le VAB juste devant moi. Un mec qui tournait un sujet sur les légionnaires. À ce moment-là, il interviewait le chef d'un des VAB. Je ne savais pas encore que nos destins seraient également liés… [1]

1. Le journaliste filmera l'accident, son reportage sera diffusé quelques semaines après à la télévision.

Quelques minutes après, le départ est donné. La rame se met en branle. Les distances de sécurité sont respectées entre véhicules. La nuit profonde à cette heure nous oblige à conduire avec les lunettes de vision nocturne, car nous ne pouvons pas allumer nos phares, évidemment, il ne faut pas se faire repérer. Rien à signaler pour l'instant. RAS, comme on dit dans notre jargon !

Peu après, nous arrivons sans heurt au point prévu par la mission. Près d'une ligne de crête. Les artilleurs se mettent en place et nous créons une « bulle de sécurité ». Le dispositif roule sans problème, eu égard aux consignes de la réunion préparatoire.

Or, ce matin-là, un événement non maîtrisable vient s'opposer à nous. La météo. En effet, la brume du matin ne se lève pas. Durant une heure ou deux, nous attendons que la météo soit plus favorable. Devant cette situation, N'Djamena a donné l'ordre direct de se déployer à un autre endroit. Je change de position dans la rame et pose en troisième position. Le dispositif se remet en route selon de nouvelles coordonnées GPS.

Pour toi, pas d'inquiétudes à ce moment ? C'est quelque chose d'habituel ?

Non, cela peut arriver. Personne n'est Mme Soleil (*Rires*). Inutile de te dire que pour les artilleurs, c'est absolument impossible de procéder aux tirs d'obus dans de pareilles conditions, au risque d'entraîner des dommages collatéraux pour les villages par exemple…

Comment se déroule la suite pour vous ?

À l'heure où nous rejoignons le semblant de piste, il fait maintenant grand soleil. Le jour est éclatant. C'est à cet instant que je vois démarrer en trombe, sortie d'on ne sait où, une vieille motocross avec deux gars dessus. Curieusement, ma petite sensation de malaise de la veille me saisit une nouvelle fois. Aussitôt, j'interpelle le radio tireur de mon véhicule, dans sa tourelle, qui a la tête à l'extérieur, afin de signaler ces mecs.

Qu'est-ce qui a traversé ton esprit en voyant cette moto ?

Il n'y avait pas de pistes aux alentours. Nous étions en brousse. Pas d'animaux à l'horizon. Pas de chameaux, pas de chèvres. À la rigueur, j'aurais pu penser un instant que c'étaient deux bergers qui rentraient chez eux ou qui allaient s'occuper de leurs bêtes. Mais là, rien, même pas une habitation. Le véritable désert malien.

Donc, très vite, je me suis dit que ces gars nous observaient. De façon étrange, lorsque l'on part, eux aussi. Le renseignement est le plus vieil art de la guerre. Toutefois, je n'ai pas forcément eu l'idée qu'ils allaient tenter de nous attaquer. Deux pauvres mecs à moto, quoi de plus inoffensif à première vue ?

L'expérience me prouvera le contraire, quatre cents mètres après, BOUM !

Que se passe-t-il au moment de l'explosion ?

Un bruit sourd, lancinant, et je me sens compressé dans mon gilet pare-balles. Toutefois, une voix me traverse l'esprit. Celle d'un instructeur disant simplement : « OK, ce n'est pas bon les gars, on recommence ! »

La première réaction que j'ai eue, c'est celle d'avoir foiré un entraînement ! Sauf qu'il n'y a pas eu de deuxième chance, l'instructeur n'est jamais arrivé. Nous étions dans la douloureuse réalité (*Silence*).

Très vite, une sensation de chaleur me parvient et, surtout, je ne vois plus rien. Mes yeux me brûlent à cause du sable et de la poussière que je venais de me prendre dans le visage. « Putain, je suis aveugle. » Cette phrase, j'ai dû la dire à haute voix ou, en tout cas, je l'ai pensée très fort…

Pendant ce temps, j'ai senti mon flanc gauche toucher le tableau de bord. J'étais projeté dessus. Maladroitement, je suis revenu dans mon siège, tant bien que mal, en dépit du fait que j'étais toujours dans le noir complet du fait des brûlures oculaires tellement intenses. J'ai insisté pour les ouvrir. En fait, je n'aurais peut-être pas dû…

Au moment où mes yeux me permettent d'y voir un peu plus clair, je comprends la situation. Il y a des énormes flammes tout autour de moi. Mon bras ressemble à un cigare de cartoon explosé. Dans le même temps, j'entends gémir mon camarade radio tireur éjecté, lui, à l'extérieur du VAB. Non vraiment, ce n'est pas un entraînement (*Silence*).

Fort heureusement, grâce à ma formation de secouriste, j'ai pu acquérir quelques réflexes. Le premier d'entre eux est de sortir mon garrot tourniquet[1] et de le placer sur mon

1. Le garrot tourniquet est un dispositif de premiers secours permettant de stopper l'hémorragie d'un ou de plusieurs membres. Dans le contexte militaire, le soldat apprend à l'utiliser seul.

bras. Mais je n'y arrive pas. En effet, pour enfiler mon garrot, encore faut-il qu'il y ait une main…

Les flammes continuent à prendre de l'ampleur et me mettent face à un dilemme morbide : brûler vif ou mourir d'une hémorragie. Décision est prise de ne pas cramer. Les images du 11 Septembre me reviennent. « Allez Manu, accroche-toi. » Coûte que coûte. Il faut s'extirper du véhicule.

En prenant cette décision, il me manquait néanmoins une deuxième donnée qui a toute son importance. Ma jambe droite. Elle n'existe plus. La gauche a le fémur fracturé. Les douleurs sont tellement fortes que je n'en mesure même plus la force, seul compte l'instinct de survie. Avec mon bras gauche, j'attrape difficilement une poignée du véhicule afin de sortir de là…

Tu avais encore totalement conscience de ce que tu faisais ?

La mémoire du blessé de guerre est toujours un peu étrange. Faite de flashback, d'illusions ou d'hallucinations, même de zones d'ombre. Mes souvenirs sont cependant relativement précis jusqu'à ma sortie du véhicule. Mon cerveau était en ébullition autant que la chaleur des flammes qui faisaient bouillonner les bouteilles d'oxygènes du véhicule.

Comment se déroule la sortie du VAB ?

À vrai dire, je suis en train de passer en « mode survie ». Tout mon corps s'est focalisé sur une seule chose : vivre. Tout ce qui n'était pas important, je l'ai zappé, comme la douleur. Concentration sur l'essentiel, le cœur et la circulation sanguine. Hormis hurler, c'est tout ce que j'ai fait afin de signaler ma présence. Il me semble aussi avoir réussi à sortir le buste du VAB.

Pendant que je fais cela, j'aperçois mon camarade radio tireur blessé. « Whaaouuu, il n'est pas mort ! »

Il s'approche tout en boitant. Il essaie de me tirer du véhicule tout en se rendant bien compte que ce dernier était en proie aux flammes. Dans cette situation, on était à deux doigts de l'explosion. J'ai eu peur, lui aussi. Il est allé chercher des renforts. Il ne pouvait rien faire seul.

Puis, tout à coup, plusieurs mains m'ont agrippé avec force. Des camarades. Un truc incroyable. Je me suis senti décoller. C'est dans cette manœuvre d'évacuation extrême que j'ai réellement pris conscience de mon état (*Silence*)…

7

Pick and run

Là où règne la violence,
il n'est de recours qu'en la violence ;
là où se trouvent les hommes,
seuls les hommes peuvent porter secours.

Bertolt Brecht, *Sainte Jeanne des abattoirs*

À cet instant, les camarades commencent le *pick and run*[1] ?

Exactement. J'ai été placé dans une zone *safe*. Eux-mêmes ont pris beaucoup de risques. Ils ne se sont pas posé de questions. En effet, cela aurait pu très bien être miné tout autour du véhicule, avec les conséquences que l'on peut imaginer… Ils ont pris le risque de me sauver, c'est beau, non ?

1. Le pick and run est une manœuvre de premiers secours appliquée dans un contexte militaire. Elle consiste à évacuer le plus rapidement une victime afin de la mettre en sécurité et de la prendre en charge.

C'est à cet instant que commencent immédiatement les soins d'urgences afin que je sois « techniqué » sans tarder.

Au moment de ton extraction, tu disais que l'instinct de survie primait sur la douleur. L'on peut tout de même imaginer qu'elle est là, bien présente. Qu'en est-il après avoir été extirpé ?

Curieusement, tu ne ressens pas ce que tu ne vois pas. Je t'explique. Dès que tu as un regard sur la plaie, tu commences à avoir mal. Par exemple, pour ma jambe droite, je n'avais pas mal tant que je n'en étais pas conscient. Cela étant, les choses se sont compliquées (*Silence*).

Pour autant, ce ne sont pas des douleurs qui ressemblent à celles d'une fracture ou d'une coupure. Non. Je dirais qu'elles ressemblaient à des brûlures intenses et très profondes. Mais je n'ai pas eu le temps de souffrir très longtemps, les antalgiques ont été rapidement administrés car mes traumatismes ne se limitaient pas qu'aux deux délabrements. Il y avait aussi une fracture du bassin, un pneumothorax, un délabrement de la face…

Le *pick and run* est une manœuvre rapide. Une fois dans la barquette[1], à quoi penses-tu ?

Hémorragies, hémorragies, hémorragies… Je n'avais que cette pensée dans la tête. Je le sais, j'ai perdu

1. La barquette est une civière d'évacuation améliorée comportant de nombreuses sangles destinés à évacuer le blessé en toute sécurité.

beaucoup de sang. Mon corps et mon esprit enclenchent une nouvelle fois le mode survie. Économie de soi. Un vrai travail personnel afin d'éviter le stress, lui-même vecteur d'augmentation du rythme cardiaque et donc de l'amplification de l'hémorragie. Un cercle vicieux qu'il me fallait éviter à tout prix.

Alors, il faut tout de même reconnaître qu'en pareille situation je ne ressemblais pas à un bouddha zen (*Rires*), bien loin de là. Avec mon visage délabré et mes poumons pétés, il était difficile de respirer correctement, d'autant plus que j'avais énormément de sang dans la bouche.

Pendant que j'essayais de me concentrer, une seule question me taraudait. Dans un environnement bruyant, j'ai préféré ne pas parler car j'aurais dû crier, donc m'énerver… enfin, tu connais la suite : économie !

Ce n'est que lors d'une petite accalmie que j'ai interpellé le médecin en chuchotant : « Doc, est-ce que mes hémorragies sont contrôlées ? » Son oui franc fut un soulagement.

Qu'est-ce que tu aurais voulu faire à cet instant ?

(*Silence*). C'est l'auxiliaire sanitaire, Nicolas, mon ami, qui m'a raconté cela, il y a peu de temps. Pendant longtemps, j'ai fait comme si je ne m'en souvenais pas car je trouvais que ça faisait un peu « cliché », du style *Il faut sauver le soldat Ryan*. Je n'ai pas assumé.

Dans ma barquette, j'ai eu une pensée pour Agnès et j'ai voulu que mon camarade lui adresse un dernier message de ma part. Je lui ai dit : « Tu diras à Agnès que j'étais désolé et que je l'aimais. »

Il y avait certainement un lien avec la discussion que j'avais eue avec elle la veille. Un sursaut de culpabilité, sans doute.

Vient l'heure de ton évacuation sanitaire. De quelle façon s'est-elle déroulée ?

Le chef de groupe a organisé l'ensemble de la procédure d'évacuation sanitaire pendant que le médecin et l'infirmier s'occupaient de moi. Des hommes sont allés sonder le terrain où un hélicoptère devait se poser tandis que d'autres formaient une bulle de sécurité tout autour de nous. En effet, le risque dans ce genre d'accident, c'est l'embuscade. Nous devons toujours être extrêmement vigilants et ne pas baisser la garde en dépit du fait que les circonstances peuvent bousculer le moral de l'ensemble. La sécurité prime.

« Doc, l'hélico décolle de Tessalit. Il décolle dans 10 MIKE[1]. » Ce message du chef de groupe à l'intention du médecin m'a semblé tellement salvateur. À ce moment-là, je ferme les yeux. Ça y est, je suis sauvé mais le temps va encore être très long. Il faut encore s'économiser. Dans ma situation, trente, trente-cinq minutes me semblaient une éternité. « Tiens le coup, Manu. »

Dans mes souvenirs, l'hélico est arrivé en deux secondes. Une fois installé dans l'engin, je vois la médecin et l'infirmière. Un flash. La première, l'année

1. Mike est un mot appartenant à l'alphabet phonétique de l'OTAN. Il désigne simplement la lettre M. Soit, dans cette situation, permet de représenter le terme « minute ».

d'avant, j'avais passé quatre mois en mission avec elle. La praticienne me reconnaît aussitôt. Des mois plus tard, en me rendant visite, elle m'avouera être encore sous le choc…

Hélas, c'est le dernier moment de lucidité. De ce vol en hélico, je ne garderai aucun souvenir. Je suis parti vers un ailleurs.

As-tu d'autres souvenirs ?

Je me suis réveillé à l'atterrissage à cause des secousses de l'hélico sur le tarmac de Tessalit. Des camarades m'attendaient et ils m'ont transporté au rôle 2 du camp. Devant la tente d'accueil des blessés, j'ai ressenti une nouvelle fois une forme de soulagement. « Ça y est, ils vont m'opérer. Je n'ai plus rien à faire. »

C'est ici que tu lâches prise ?

Mes souvenirs me laissent croire que j'ai lâché prise ici, à ce moment-là, pour me réveiller beaucoup plus tard à Percy. En discutant avec les membres de l'équipe du rôle 2, ceux-ci m'expliqueront que j'étais encore conscient pendant un petit moment, allant même jusqu'à raconter des blagues. On ne se refait pas ! (*Rires*).

Maintenant, nous laissons les chirurgiens travailler ?

Oui, et remercions-les. Plusieurs heures après, je serai transporté en Casa « nurse »[1] jusqu'à Niamey

1. Le casa nurse est un avion de l'armée de l'Air et de l'Espace, spécialement affreté afin d'assurer en priorité une mission essentielle : le transport sanitaire des blessés militaires.

puis en Falcon médicalisé afin de rejoindre Percy. Vingt-quatre heures s'écouleront entre mon accident et mon retour en métropole.

Les premières vingt-quatre heures d'une nouvelle vie ?

Non. Les premières vingt-quatre heures d'une âpre bataille contre la mort, les premières vingt-quatre heures du début de la guerre pour la vie.

8

Le sauvetage au combat

Technique fondamentale enseignée à tous les militaires, le sauvetage au combat est une méthode de secourisme appliquée aux conflits.

Mises en exergue par les opérations militaires menées en Afghanistan, les forces armées ont en effet reconnu la nécessité pour chaque soldat de disposer d'un haut niveau d'expertise global en secourisme permettant d'assurer la prise en charge précoce et efficiente du militaire lui-même et/ou d'un ou de plusieurs camarades blessés sur le terrain[1].

1. J. Viant, « Médicalisation de "l'extrême avant" au profit du militaire français : une formidable adaptation des forces armées aux contraintes de leurs engagements contemporains », *Stratégique*, 1112/2, 17 novembre 2016, p. 75-84.

« En tant qu'auxiliaire sanitaire, le sauvetage au combat était une activité importante de mon métier. Cependant, même si j'avais conscience de son utilité, mon accident m'a révélé ô combien ces techniques étaient fondamentales. En toute sincérité, je crois devoir en partie la vie aux techniques de sauvetage au combat et à ceux qui les ont mises en œuvre. Cela m'a sauvé la vie. Sans le sauvetage au combat, peut-être que je ne serais pas là pour témoigner... »

Organisé selon plusieurs niveaux, le sauvetage au combat est un processus continu d'évolution des compétences individuelles et collectives en matière de premiers secours qui comprend, au premier niveau, la mise en œuvre de savoirs procéduraux dits de « base » (par exemple pose d'un garrot, pansement « trois côtés » sur blessure du thorax) jusqu'à la réalisation d'une procédure complète de médicalisation de l'avant, un troisième niveau de compétences réservé aux médecins et infirmiers militaires[1].

1. « Le sauvetage au combat : le standard de prise en charge des blessés ». Disponible sur : https://www.defense.gouv.fr/sante/actualites/le-sauvetage-au-combat-le-standard-de-prise-en-charge-des-blesses

« Durant ma carrière, je n'ai pas cessé de répéter inlassablement les techniques de sauvetage au combat. Conditionné pour sauver, organisé pour secourir. »

Véritable enjeu opérationnel, la maîtrise et la réalisation des gestes de sauvetage au combat peuvent être salvatrices pour n'importe quel militaire blessé. Par ailleurs, cette méthode garantit le déploiement efficace des forces armées en zone de conflits en fonction des principes d'adaptation et de préparation inhérents à la mission.

Si bien que les techniques de sauvetage au combat s'avèrent être une arme immatérielle de chaque combattant, portée en permanence sur lui et dont il doit assurer l'entretien à ce même titre afin qu'elle soit toujours mobilisable.

« Je crois véritablement que le sauvetage au combat est une manière concrète d'enrichir notre intelligence situationnelle. Une compétence qu'aucun ennemi ne peut nous enlever mais qui s'avère être une véritable arme individuelle et collective dans l'agir. »

Aussi, la doctrine de formation en sauvetage au combat est conçue et validée par l'école du Val-de-Grâce depuis 2009, dans la continuité d'une dynamique engagée en ce sens deux ans auparavant par le SSA[1].

Ce dernier, notamment inspiré par une expertise pionnière reconnue dans ce champ, fait figure d'institution dans l'élaboration pédagogique du parcours de formation que tous les militaires acquerront et entretiendront tout au long de leur carrière au sein des armées.

« C'est rassurant de savoir que tous les camarades disposent des techniques de sauvetage au combat. Et cela à tous les instants de la vie opérationnelle. Car, si l'on ne connaît pas le destin d'une mission, l'on connaît au moins ses forces face à une situation qui tourne mal ! »

En définitive, le sauvetage au combat en tant que tel n'a plus à démontrer que la mise en application de ses fondamentaux (par exemple 10 minutes de platine, *golden hour*) en conditions réelles a pu sauver de nombreuses vies de camarades blessés.

Dans un contexte de conflits de plus en plus lourdement armés, où les engins explosifs sont légion, cette

1. Le militaire comme premier sauveteur. Disponible sur : https://www.defense.gouv.fr/fre/terre/actu-terre/le-militaire-comme-premier-sauveteur

gamme de savoirs et de savoir-faire est un élément indissociable de la pratique du métier de militaire dont la considération du risque sur le territoire métropolitain et en opération extérieure est une variable définitivement non ajustable sur le plan de l'imprévisibilité.

9

Docteur et frères d'armes

La fraternité du malheur
est la fraternité la plus rapide.

José Marti

Alexis Bataille. – Docteur, le 31 juillet 2017, vous êtes doublement impliqué dans l'accident. En effet, membre de l'équipe du VAB sanitaire touché par engin explosif improvisé (IED), vous êtes blessé en même temps que le caporal-chef Cabrita. Ma question sera simple : que se passe-t-il à ce moment-là dans votre esprit de médecin et de blessé ?

Docteur Rémi. – Tout d'abord, il faut savoir que la mission était déjà connue. Nous l'avions réalisée quelques jours auparavant, dans les mêmes conditions de déploiement. L'équipage et l'organisation étaient les mêmes. Dans le VAB nous étions quatre, Manuel en pilote, Franck en radio tireur, Nicolas l'infirmier contre la porte arrière et moi dans le couloir.

De fait, nous étions particulièrement rodés. En conséquence de quoi, nous ne nous attendions absolument pas à cela. Clairement, lorsque l'impact s'est produit, je n'ai pas compris ce qui se passait…

Je me souviens d'un énorme bruit assourdissant, d'une projection contre la paroi. Puis, immédiatement après, le silence. Profond, pesant. Le bruit du moteur avait disparu. Plus de radio. En outre, silence du côté de Manuel et Franck…

En tant que chef du VAB et médecin, j'étais complètement sonné. En fait, je ne voulais pas penser au pire des scénarios pour mes hommes. « On a pété. » Ce sont les cris de l'infirmier qui m'ont rapidement remis les pieds sur terre. Effectivement, le VAB n'était plus.

Très vite, les réflexes de médecin prennent le dessus. Mon infirmier et moi avons déroulé notre prise en charge, notamment envers Manuel, coincé dans son poste de pilotage.

Pour autant, le fait d'être impliqué tout en ayant conscience d'être la seule présence sanitaire sur le site est assez angoissant. En effet, nous voilà livrés à nous-mêmes en quelque sorte… (*Silence.*)

Que voyez-vous à cet instant ?

De la fumée. Beaucoup de fumée. Elle se dégageait du poste de pilotage. « Nous prenons feu. » Voilà la première pensée que j'ai eue en essayant de me concentrer sur le matériel dont j'aurais besoin pour dérouler une prise en charge médicale efficace. Tout est balancé dans le sable. Pendant ce temps, Nicolas l'infirmier et

Franck arrivent tant bien que mal à parvenir jusqu'à Manuel. Franck est gravement blessé lui aussi. Les deux n'arrivent pas à dégager Manuel. D'un même cœur, un seul mot nous traverse l'esprit : Urgence.

« Rémi, viens nous aider. » Fait inhabituel, l'infirmier m'appelle par mon prénom. Le temps est compté pour lui. La fumée progresse de plus en plus. Elle envahit le VAB. Le temps est compté pour nous tous. Les VAB de la rame reculent afin de respecter les mesures de sécurité et nous sommes complètement isolés du groupe en attendant l'intervention du génie. Nous voilà définitivement seuls… (*Silence.*)

Que faites-vous aussitôt ?

Extraire Manuel. C'est la priorité. Nous nous y mettons à trois, avec l'aide d'un légionnaire, pour hisser Manuel par la porte de pilotage du VAB. Lorsque je découvre Manuel, son visage est délabré, je récupère son bras et sa jambe en lambeaux. Il est quasiment amputé. Au pied du VAB, les automatismes priment. Garrot, perfusion, gestion de la douleur et du choc hémorragique… Mon esprit est concentré sur la prise en charge de Manuel en dépit du contexte dangereux, de l'environnement hostile et du risque de suraccident car le VAB commençait à prendre feu et nos munitions éclataient sous l'effet des flammes. Autour de nous, les combattants organisaient la mise en place d'un dispositif de sécurité car nous savions que la situation risquait de durer avant d'avoir des renforts ou une évacuation sanitaire.

Le binôme médecin-infirmier était donc fondamental ?

À juste titre. Nous avons organisé notre prise en charge dans le calme avec aussi l'aide d'auxiliaires sanitaires qui étaient dans le convoi… Nous fonctionnions en complète harmonie avec Nicolas : il y avait, si je puis dire, une tête et des bras. Mais surtout, nous étions en cohérence permanente avec ce que la situation exigeait de notre expertise et de nos compétences individuelles en matière de prise en charge urgente. Ce genre de situation démontre, s'il le fallait, l'importance et la complémentarité des savoirs et met en exergue la nécessité que le médecin militaire soit déployé en opération, autant que faire se peut, avec un infirmier qu'il connaît afin de gagner en efficience le jour où le temps est précieux. C'est une force. La fluidité de la prise en charge est gageure d'apaisement mais aussi de rapidité. Une précision au service de la vie, puisqu'il s'agit essentiellement de cela dans ce genre de situation.

Comment s'est déroulée la suite ?

Environ une heure après l'accident, un hélicoptère sanitaire est arrivé. Nicolas et moi nous restons professionnels. J'estime que nous avons fait le job avec l'aide d'autres soldats jusqu'au bout, c'est-à-dire jusqu'au moment où je réalise les transmissions médicales à ma collègue médecin venue dans l'hélico. En voyant Manuel et Franck évacués en hélicoptère, l'adrénaline chute d'un seul coup. Nicolas et moi, nous tombons dans les bras l'un de l'autre. Nous sommes en pleurs.

Je suis genoux à terre. Une vraie loque. Nous serons relevés à la suite par une nouvelle équipe sanitaire.

De retour à la base, que se dit-on ?

Sur le camp, la sidération est totale. L'appui sanitaire est un aspect essentiel et extrêmement précieux pour la qualité de la mission. En outre, le camp est petit. Nous nous connaissons tous. Si l'un est touché, c'est l'ensemble du groupe qui l'est.

Quelque chose de particulier vous a marqué à ce moment ?

La mobilisation générale était exceptionnelle. Considérant la gravité de l'état de Manuel, la plupart des camarades étaient déjà partis donner leur sang. C'est ce qui m'a frappé. Cependant, pour Nicolas et moi, il est difficile d'être très attentifs à l'environnement. Nous sommes toujours dans un profond état d'alerte et d'inquiétude légitime. Une seule chose nous importe à ce moment-là : Manuel.

De fait, lorsque nous sommes pris en compte par l'antenne chirurgicale, nous interrogeons en rafale l'infirmière afin d'avoir un maximum de nouvelles le concernant mais Manuel est déjà au bloc opératoire.

Un peu plus tard, mon confrère réanimateur vient me voir et me donne quelques nouvelles. Il me rassure, nous félicite. Manuel est conscient. L'opération va débuter même si mon collègue me précise que rien n'est gagné. Manuel a perdu beaucoup de sang durant l'accident et l'heure n'est pas encore au pronostic optimiste… Merde !

Heureusement pour lui, la suite nous a démontré qu'il avait du cran et que nous avions toutes les raisons de croire en lui et en l'efficacité de l'ensemble des maillons sanitaires de la chaîne d'évacuation du service de santé des armées.

Avez-vous pu contacter vos proches ?

Assez rapidement oui, en dépit de la bulle de silence nécessaire dans ce genre de situation. Toutefois, il nous apparaissait indispensable de prévenir *a minima* nos familles avant que l'information ne parvienne par bribes jusqu'aux médias français et que les bandeaux des chaînes d'informations les alertent inutilement [...].

À ce stade, j'ai tout de même considéré qu'il valait mieux rester discret dans les échanges en expliquant simplement à mon épouse que « tout va bien, j'ai eu un accident de la route. Je te rappelle ce soir. J'arrive à marcher ».

« J'arrive à marcher. » Ma dernière phrase prononcée en forme de lapsus fixé sur l'amputation de Manuel interpellera immédiatement mon épouse sur la gravité des faits. En vérité, nous étions loin du petit accident, mon inconscient venait d'en témoigner...

Plusieurs années après, quels souvenirs gardez-vous de cette intervention où vous êtes doublement impliqué ?

De la colère immédiate puis une profonde remise en cause personnelle de mes compétences. « Est-ce que j'aurais pu faire plus ? Pourquoi nous ? Qu'est-ce qui n'a pas fonctionné ? »

Puis, certainement de la culpabilité prégnante en tant que chef. C'est moi qui ai constitué l'équipage de cette mission… J'ai inscrit tous les noms et notamment celui de Manuel. Un de mes gars à six mois de la retraite… (*Silence.*)

Quelques jours avant l'accident, il était d'ailleurs venu me voir pour me confier sa hâte de poser le képi afin de retrouver une vie « normale »…

C'est un sentiment très compliqué à gérer sur plusieurs plans mais que j'ai pu apprivoiser au fur et à mesure des années. Plus particulièrement à partir du moment où Agnès, l'épouse de Manuel, nous a remerciés, Nicolas et moi, lors de notre première rencontre.

Cependant, cette émotion est forte. Elle ne disparaîtra, très probablement, jamais…

Docteur, où en êtes-vous aujourd'hui ?

Sur le plan professionnel, lorsque je retrouve aujourd'hui Manuel, bien vivant, je sais maintenant pourquoi je me suis battu avec les armes qui étaient les miennes, en plein désert malien, un jour de 2017. Je ne parlerais pas de fierté mais plutôt de contentement […].

Sur le plan personnel, je suis moi-même blessé militaire, actuellement appareillé auditif. Bien évidemment, ce n'est rien comparé à Manuel.

Cependant, lors d'une nouvelle mission réalisée quelque temps après, je me suis rendu compte que l'étendue de mes blessures était bien plus importante que je ne le pensais. En particulier au niveau cognitif et psychologique. Rien de dramatique ou de handicapant comme pour Manuel mais il fallait se faire une raison : envisager de stopper ma vie opérationnelle et, de fait, réfléchir à quitter le Service de santé des armées.

Une décision compliquée à prendre car depuis tout petit je rêvais de devenir médecin militaire. J'ai tout fait pour. J'étais à l'endroit où je voulais être depuis toujours…

Mais, tourner la page, n'était-ce pas le meilleur moyen de me reconstruire ?

Vous exercez toujours la médecine ?

Oui, mais j'ai quitté le Service de santé des armées eu égard à mes différentes inaptitudes qui m'empêchaient de servir comme je le souhaitais.

En cela, la cellule d'aide aux blessés du service m'a accompagné dans une démarche de reconversion. J'exerce maintenant la médecine dans un service d'incendie et de secours sur un poste adapté à mon invalidité. L'opérationnel et le service aux autres ne sont finalement pas si éloignés de moi…

En somme, c'est une histoire qui…

… Se termine bien pour une seule raison : tout le monde est en vie.

DEUXIÈME PARTIE

HONNEUR

J'ai toujours servi la France
et je continuerai à le faire
du mieux possible,
malgré la blessure.

Caporal-chef Manuel Cabrita,
discours au Sénat (extrait),
14 novembre 2019

10

Le soutien médical opérationnel

Au plus proche du combattant, le soutien médical opérationnel est une composante fondamentale du déploiement des forces sur le territoire national et international.

Tour à tour curatif, préventif ou de réhabilitation, le soutien médical opérationnel répond aux nombreux enjeux de santé qu'oppose la vie opérationnelle aux combattants. Car ceux-ci sont plongés dans des environnements où de nombreux facteurs influencent, d'une part, l'ensemble du parcours de soins et de santé et, d'autre part, les dispositifs logistiques qui permettent de proposer une offre de soins souhaitée équivalente aux établissements de santé.

Les armées françaises sont particulièrement pionnières en la matière puisque le soutien médical opérationnel fait l'objet d'une conception unique : la proximité des équipes médico-chirurgicales avec les combattants[1].

« Je vais laisser faire l'imagination des lecteurs. Par exemple, celui de rêver à un bloc opératoire complet qui fonctionne en plein désert malien. Incroyable, non ? Pourtant, c'est bien cela le soutien médical opérationnel : donner tout son possible à l'impensable. »

Aussi, à la différence d'autres nations qui préconisent une évacuation rapide vers des structures de soutien, le SSA a inversé cette vision. Il a défini une doctrine de prise en soin de haute technicité selon une chaîne santé autonome, accessible avec rapidité, immédiatement qualitative et profitable à l'amélioration des chances de survie puis de réhabilitation du combattant blessé[2].

Le soutien médical opérationnel s'organise dès lors en plusieurs échelons stratégiques du parcours de soins du combattant.

1. « Soutien médical opérationnel ». Disponible sur : https://www.defense.gouv.fr/sante/operations-exterieures/chaine-de-soutien-medical/soutien-medical-operationnel

2. A.-C. Gouraud, « Le Service de santé des armées, une chaîne santé complète et autonome au service du combattant », *Revue Défense nationale*, 826/1, 17 février 2020, p. 81-82.

« L'explosion de l'engin artisanal sous mon véhicule déclencha immédiatement une formidable chaîne opérationnelle. L'onde de choc passée, les différents camarades rompus à l'exercice organisaient déjà l'objectif suivant : secourir un soldat. »

Le rôle 1 est le niveau de proximité immédiate des unités combattantes. Il est constitué d'équipage santé (médecins et paramédicaux) formés au conditionnement primaire des polytraumatisés de guerre dans des conditions dégradées. C'est la mise en œuvre de la médicalisation de l'avant[1] mais sans moyens chirurgicaux. Selon l'état du blessé, d'ici peut s'organiser une évacuation sanitaire vers un rôle 2.

Le rôle 2 intègre déjà la dimension structurelle de la prise en soin puisqu'il s'agit de la mobilisation des modules de chirurgie vitale aussi appelés antennes chirurgicales, investis par des équipes médico-chirurgicales restreintes[2]. Toujours à proximité du terrain, ces structures sous tentes permettent de poursuivre le conditionnement primaire du polytraumatisé de guerre

1. J. Viant, « Médicalisation de "l'extrême avant" au profit du militaire français : une formidable adaptation des forces armées aux contraintes de leurs engagements contemporains », *Stratégique*, 112/2, 17 novembre 2016, p. 75-84.

2. « Barkhane : à Gao, les soldats bénéficient de soins aussi qualitatifs qu'en France ! » Disponible sur https://www.defense.gouv.fr/operations/afrique/bande-sahelo-saharienne/operation-barkhane/breves/barkhane-a-gao-les-soldats-beneficient-de-soins-aussi-qualitatifs-qu-en-france

en réalisant des gestes chirurgicaux précoces qui ont pour objectif de stabiliser le blessé sur différents plans, notamment hémodynamique (par exemple lutter contre les hémorragies). Selon l'état du blessé, d'ici peut s'organiser une évacuation sanitaire vers un rôle 3.

Le rôle 3 est un niveau complet de prise en soins dites « lourdes ». En effet, dans les hôpitaux militaires de campagne (HMC)[1], l'offre de soins est ce que l'on peut proposer de plus complet en opération extérieure. Du bloc opératoire, à la réanimation, tout en passant par un laboratoire d'analyses médicales ou un service d'imagerie médicale, les HMC sont une ressource précieuse au soutien des combattants. Selon l'état du blessé, d'ici peut s'organiser une évacuation sanitaire vers un rôle 4. À partir de ce point, ce dernier quitte le théâtre d'opérations.

« Il me reste quelques images un peu floues de mes derniers souvenirs maliens au rôle 2. Une tente, de la fraîcheur, des bruits, des visages, des voix... Difficile aussi de me souvenir si, à ce stade de ma prise en charge, je demeurais plein d'espoir vu mon état. Mais, placé dans les mains expertes de cette équipe, j'ai néanmoins la certitude vivace d'un seul sentiment : la confiance ! »

---

1. 42045950. Actu Santé juillet-Septembre 2011. Issuu. Disponible sur : https://issuu.com/khalilnouira9766/docs/actu_sante_n_124_juill_web

À ce propos, les **évacuations sanitaires par voie aérienne** (Medevac pour MEDical EVACuation ou Stratevac de façon plus officielle) représentent en elles-mêmes un réel défi sanitaire pour les équipes conjointes de l'armée de l'air[1] et du SSA (les convoyeurs de l'air)[2].

En dépit de conditions de transport, à la fois matérielles et environnementales, particulièrement contraignantes, l'offre de soins de réanimation (par exemple ventilation, entretien du coma artificiel ou transfusion) dispensée dans les airs doit être de même qualité que sur terre. Un vrai défi pour arriver sans encombre à l'échelon suivant de la chaîne.

Le rôle 4 est les hôpitaux d'instruction des armées (HIA) métropolitains. Ils contribuent à la poursuite des soins médico-chirurgicaux entrepris sur le terrain. En outre, ces établissements de santé entament le processus de réhabilitation du combattant blessé grâce aux plateaux techniques de rééducation dont ils disposent.

Enfin, nous pourrions tout à fait évoquer l'importance d'un **rôle 5**. Celui des structures expertes dédiées à l'accompagnement médico-social et à la réhabilitation des combattants blessés sur le moyen et le long terme, comme peuvent par exemple le proposer l'Institution nationale des invalides ou les dispositifs d'accompagnement non médicalisés (par exemple les

---

1. « Focus. Armée de l'air : avec les pilotes chargés de l'évacuation médicale », France 24, 12 juillet 2017. Disponible sur https://www.france24.com/fr/20170712-focus-france-armee-air-secours-defile-14-juillet-medevac-falcon2000

2. Portrait d'un infirmier convoyeur de l'armée de l'air sur Phénix. Disponible sur : https://www.defense.gouv.fr/air/actus-air/portrait-d-un-infirmier-convoyeur-de-l-armee-de-l-air-sur-phenix

différentes associations, les cellules d'aide aux blessés, le programme Athos).

« En toute franchise, la chaîne opérationnelle santé, c'est du solide. Elle ne s'est jamais cassée, même cinq ans après. Elle existe et perdure encore à travers les relations entretenues avec les différents maillons de ma reconstruction. Et cela du Mali jusqu'à Paris ! »

De toute évidence utile, le soutien médical opérationnel s'établit un axe cardinal de la réalisation d'une opération extérieure : la confiance.

En effet, même si sa présence incarne le risque latent qui existe pour chacun des combattants, le soutien médical opérationnel ne se limite pour autant pas à ce seul aspect. Il permet de répondre aux besoins courants de santé du militaire pour qui les attentes quotidiennes existent sans conteste.

De ce fait, savoir qu'il existe un soutien médical opérationnel fort, accessible « en tout temps et en tous lieux », et cela jusqu'au plus proche des conflits, participe à la construction d'une réelle alliance thérapeutique entre les professionnels de santé, les combattants et leurs familles.

Ainsi, ce contrat tacite du soutien médical opérationnel est un puissant levier d'engagement du militaire par son attitude soutenante et experte. Celui-ci nourrit la confiance nécessaire à la réalisation d'une mission et, de façon générale, envers l'Institution.

Cela l'oblige dès lors, en retour, à faire en sorte que tous les moyens soient donnés[1] à cette chaîne de soutien indispensable à bien des égards.

---

1. J-L. Christophe, J. Jean, « Soutien médical des opérations et innovation », *Revue Défense nationale*, 809/4, 2018.

11

Réveil à Percy

Rester debout mais à quel prix.
Sacrifier son instinct et ses envies,
les plus essentielles.

Étienne Daho, *Le Premier Jour du reste de ta vie*

Manu, tu t'es endormi au Mali, tu te réveilles à des milliers de kilomètres de là. De quelle façon tu ouvres les yeux, pour la première fois, à l'hôpital d'instruction des armées Percy ?

Très sincèrement, mouvementé. En fait, j'ai eu beaucoup d'hallucinations, notamment à cause des hypnotiques et des sédatifs puisque j'étais encore intubé et ventilé, plongé dans un coma artificiel jusqu'alors.

La première hallucination me propulse autour d'une table ronde, en compagnie d'autres personnes intubées. Nous étions tous gavés comme des oies. Des tuyaux sortaient de tous les endroits du décor. Puis Agnès venait discuter avec moi, comme si de rien n'était.

Dans mon souvenir, je saisis la sonde d'intubation avec la main et je tire dessus. En réalité, j'ai vraiment essayé de m'extuber quelques jours avant mon réveil.

À la suite de cet « incident », j'ai été contentionné à la main qui me restait afin d'éviter de me mettre une nouvelle fois en danger. La pose des liens fut l'endroit d'une deuxième hallucination assez troublante. En effet, dans cette dernière, j'avais mes deux bras et mes deux jambes, tout allait bien. J'étais dans une pièce toute blanche avec deux personnes en blouse qui me balançaient contre les murs où des ombres noires venaient me chercher… Un peu comme un film d'horreur !

Pour tout te dire, en mon for intérieur, je m'étais persuadé d'être dans un laboratoire militaire où des savants un peu fous testaient ma résistance à la fatigue (*Rires*).

Tu n'avais pas encore ouvert les yeux, donc ?

Non. Pas du tout. Le réveil en lui-même s'est déroulé en deux phases. Une première fois je me suis réveillé et immédiatement rendormi. Le second réveil s'est mieux déroulé si je puis dire avec un tuyau au fond de la gorge et des sonneries de partout (*rires*).

Qu'est-ce qu'on ressent, à cet instant ?

Agnès était là, les médecins aussi. Un des praticiens semblait vouloir me dire quelque chose. La perte de mon bras et de ma jambe. De mon côté, je sentais qu'il y avait effectivement quelque chose d'un peu « particulier » mais sans plus de réactions. Pour lui, je comprenais très bien que son message était assez difficile à me transmettre, il était gêné, hésitant…

Je ne lui ai pas laissé le temps d'aller plus loin. Malgré le fait que je ne pouvais pas parler, je lui ai désigné, de la main gauche, le bras et la jambe droite. Mes yeux ont parlé pour moi. « Je sais. »

En effet, n'ayant pas perdu connaissance au Mali, j'avais pu moi-même faire ce douloureux constat. Il était inutile de tourner autour du pot. Le combat n'était plus là (*Silence*).

En dehors d'Agnès, d'autres personnes t'ont entouré lors de la période de ton réveil ?

J'ai trois vrais copains qui sont restés là de mon arrivée en réanimation jusqu'à mon départ du service, voire au-delà. Un de ces trois-là a vraiment passé ses journées avec moi alors qu'il était en congé paternité. Tu parles d'un cocooning ! (*Rires*).

Cet ami avait longuement discuté avec les médecins qui lui avaient prodigué un conseil : pour aider Manuel à se réveiller, il faut le stimuler et lui parler. Ce n'est pas tombé dans l'oreille d'un sourd ! Tu sais ce qu'il a fait ? Il a arpenté les salles d'attente de l'hôpital afin de voler les vieux magazines qui traînent toujours dans ces endroits. Du *VSD* au *Sciences & Vie*, peu importe, il a passé ses journées à mon chevet pour me lire ces bouquins, dans l'espoir que je me réveille en lui disant tout simplement : « Stop, j'en ai marre que tu me racontes la vie de Johnny Hallyday ! » (*Rires*).

Un autre de la bande, un militaire, a posé des permissions afin de m'accompagner et de soutenir Agnès. Durant plusieurs jours, il a passé ses nuits à dormir dans la salle d'attente de la réanimation parce qu'il était hors de question pour lui de s'éloigner, il guettait mon réveil. Jusqu'au jour où il a dû retourner dans son affectation.

Le jour où il prend le train, je me réveille… Agnès l'appelle, il fera aussitôt un demi-tour pour me retrouver (*Silence*).

Une fois réveillé, tu n'as pas connu de difficultés ?

Si. Une fois extubé. J'ai fait un énorme blocage. Je ne pouvais plus parler. Plus aucun son ne sortait de ma bouche. Je devais me concentrer avec énormément de patience afin de produire un semblant de borborygme… Pour celles et ceux qui étaient en face en de moi, cela devait tellement être agaçant. Si ce n'est pas le cas pour eux, en tout cas, cela l'était pour moi ! Je faisais tout pour essayer d'y arriver mais rien ne sortait… Comble de l'ironie, je ne pouvais pas m'exprimer par écrit. Eh oui ! Écrire de la main gauche lorsque l'on a toujours été droitier, ça ne s'invente pas…

Un jour, une aide-soignante de réanimation me pose cette simple question : « Manu, est-ce que tu t'es vu ? » Bien évidemment que non. Alors, elle prend son téléphone et l'utilise comme un miroir. C'est la première fois que je vois mon visage délabré. Je le regarde, je l'inspecte. « Tu vois, ce n'est pas si dramatique. »

Curieusement, cela a déclenché un truc en moi. La parole est revenue, d'un coup, d'un seul.

Par quels autres moyens es-tu revenu dans la réalité ?

Mon réveil est un déclencheur. Un top départ. Celui du défilé des autorités. Aussi, dans cette procession ininterrompue de personnes plus ou moins prestigieuses, j'ai pu compter sur le soutien de mes trois amis du début. Ils ont pris la place de mes *bodyguards*. Un peu comme des physionomistes à l'entrée d'une discothèque (*Rires*) qui ont fait le tri entre les visites sincères contre celles et ceux qui venaient voir « la bête ».

En outre, jusqu'à mon accident, j'avais toujours souhaité préserver ma vie privée et ma vie professionnelle. Ainsi, Agnès n'était, par exemple, jamais venue au régiment. Seuls mes trois amis la connaissaient. De sorte qu'ils ont été en quelque sorte ses référents afin de l'aider à faire elle-même une sélection lorsque quelqu'un, un militaire ou une autorité, se présentait.

Je dois reconnaître que les nombreuses visites ont été une période assez lourde et difficile pour nous, pour moi. En dépit du fait que j'ai de la bouteille et que cela me permet de prendre du recul là-dessus, y compris pour dire à tout moment « stop ».

En dehors de cela, comment était la vie en réanimation ?

Je ne me suis pas ennuyé (*Rires*). Tous les jours je suis allé au bloc opératoire. À la sortie de la réanimation, je cumulais déjà plus de trente passages au bloc opératoire. En effet, mes pansements de moignons étaient faits exclusivement sous anesthésie. Progressivement, le rythme s'est alterné une journée sur deux.

De façon générale, je garde un bon souvenir de mon passage en réanimation. L'équipe était jeune et dynamique. Paradoxalement, la vie régnait alors que nous, patients, nous dansions avec la mort.

Néanmoins, au quotidien, j'avais remarqué autre chose. Jour après jour, je remarquais une forme de pudeur de la part des professionnels de santé mais aussi de mon entourage. Une sorte de « on sait quelque chose mais on ne sait pas comment te le dire »...

Mes doutes ont commencé à se confirmer au moment des repas. Pendant un certain temps j'ai gardé la sonde naso-gastrique d'alimentation mais je pouvais tout de même prendre quelques aliments par la bouche. Systématiquement, à chaque repas, Agnès insistait pour que je mange, presque de façon obligatoire. Mes plateaux-repas étaient constitués essentiellement de portions hyper-protéinées. « Faut que tu prennes des forces. » Cette insistance était assez bizarre à mon sens. Je ne m'étais pas trompé... (*Silence*).

Que se passait-il ?

Un champignon. Logé au niveau d'un des moignons. C'est une catégorie bien particulière qui ne se contracte que dans le désert malien selon les médecins. Toujours d'après les spécialistes, les deux soldats qui avaient été contaminés par ce dernier étaient décédés. Autant te dire que je ne la ramenais pas (*Silence*).

Comment a-t-il été traité ?

Un protocole de soin a été mis en œuvre spécialement pour le combattre. Il a notamment été écrit par les infectiologues de l'hôpital, un truc inédit. La préparation de la perfusion nécessitait beaucoup de temps aux infirmières de réanimation, plus de trente minutes. J'en ai reçu de nombreuses fois par jour, pendant plusieurs jours.

En parallèle de cela, elles devaient nettoyer, toutes les deux heures, les moignons avec une solution contenant de l'eau de Javel. Jour et nuit. Bien évidemment, ce soin était accompagné de son lot de morphinique à fortes doses parce que cela « pique » peu.

Au bout de quelques jours, ma chambre sentait l'odeur rance d'une vieille piscine. Heureusement que je n'avais pas encore retrouvé l'odorat, ce sont les autres qui ont subi (*Rires*).

En même temps que ce protocole, les réanimateurs proposaient d'amputer ce qu'il me restait. Me désarticuler pour se débarrasser de la partie infectée. Sans assurance de réussite. Le chef de service de rééducation est intervenu et a insisté pour que cette opération ne soit pas réalisée au risque de ne jamais pouvoir être appareillé.

Un combat qui en valait la chandelle. Si aujourd'hui je peux bénéficier de prothèses, c'est certainement un peu grâce à sa pugnacité car, rapidement nous avons reçu cette bonne nouvelle : le champignon est vaincu.

Si tu devais évoquer un souvenir marquant de ton passage en réanimation, ce serait lequel ?

(*Rires*). J'en ai beaucoup ! À 9 heures, tous les matins, j'avais droit à la toilette complète au lit. Au moment de la mobilisation, sans faire exprès, je te le jure (*Rires*), la position de mon moignon de bras faisait qu'il tombait pile poil entre les seins de la soignante. Tu imagines combien j'étais gêné (*Rires*). Mais je lui ai assuré une chose : cela ne compte pas car il n'y a pas main (*Rires*).

Plus sérieusement, la réanimation fut l'endroit de souffrances incommensurables mais aussi de nombreuses petites joies et de moments de franches rigolades, je ne l'oublierais jamais… (*Silence*).

Un jour, tu dois quitter la réanimation afin d'être transféré dans un autre service. Qu'est-ce que ça a signifié pour toi ?

Très compliqué. J'ai quitté la réanimation après un passage au bloc opératoire. C'est-à-dire que je suis parti en salle d'opération pour ne jamais revenir dans la chambre. Sans être véritablement prévenu de mon transfert qui s'est peut-être décidé durant l'intervention.

Je vais t'étonner mais je l'ai vraiment vécu comme un traumatisme. Je n'ai pas pu dire au revoir aux équipes et j'ai ressenti cette transition de façon très violente (*Silence*).

En arrivant en chirurgie orthopédique et plastique, chez toi, je me suis retrouvé seul dans ma chambre. Dans un service où l'ambiance générale est beaucoup plus calme qu'un service de réanimation. Je suis passé de tout à rien. De la foire du trône à une chambre froide. La première demi-heure a été très angoissante. Je n'entendais plus que mon cœur qui battait. Presque à deux doigts de pleurer tellement ce petit choc dans la tronche était rude…

Finalement, la chirurgie orthopédique et plastique, c'était du même ressort que la réanimation. Excellente ambiance. Puis, c'est là aussi que l'on s'est rencontrés ! (*Rires*).

12

Les premières fois

C'est la première fois que j'utilisais
l'imagination comme arme de défense
et rien ne devait m'être plus salutaire.

Romain Gary, *Les Cerfs-volants.*

Moins de deux mois après ton entrée en réanimation à l'HIA Percy, tu es transféré dans le service de chirurgie orthopédique et plastique afin d'entamer la suite de ton parcours, celui du retour des « premières fois ».

C'est exactement ça, la phrase est bonne ! Effectivement, il s'agit de tout recommencer pour la première fois. C'est-à-dire, retrouver les gestes d'hier avec ce qu'il me reste aujourd'hui : un bras et une jambe.

Et ce n'est pas une mince affaire dans la mesure où j'étais un droitier jusqu'alors. Au début, j'avais réellement une main gauche (*Rires*).

Dans quelle mesure ?

Un truc tout bête. As-tu déjà tenu un stylo de ta main faible ? Si oui, tu sais que c'est compliqué. Ton écriture ressemble un peu, voire beaucoup, à celle d'un enfant, c'est même très incompréhensible. Il y a aussi, le simple fait de se servir un verre d'eau de la main gauche, tu imagines bien qu'il y en avait plus à côté que dedans ! (*Rires*).

En réanimation, me semble-t-il, tu avais déjà commencé ce travail de la main gauche ?

Oui et cela a commencé dès lors que j'ai eu ce fameux « blocage » évoqué tout à l'heure. En l'absence de communication verbale, il me fallait bien trouver un autre moyen de le faire. Or, comme je te l'ai dit, face à une tablette ou à une ardoise, les premières lettres, A, B, C… ressemblaient plus à celle d'un gamin. Moi qui voulais me faire comprendre, cela partait mal dans la mesure où mon écriture ne me le permettait pas non plus !

Pourtant, ce travail commencé en réanimation, au sujet de l'écriture, ne s'est réellement bouclé qu'en service de médecine physique et de réadaptation avec une technique qui permet de savoir écrire en trente jours. Je te la fais courte mais, pendant cette durée, il faut écrire des lignes de A, en majuscule et en minuscule. En théorie, tu dois savoir le faire à la fin du mois. Aujourd'hui, je mentirais en disant que c'est parfaitement le cas (*Rires*). J'écris correctement sur des lignes mais ma posture d'écriture n'est pas encore celle d'un gaucher. Je suis par exemple obligé de soulever la main afin d'apercevoir où j'en suis dans ma phrase.

En ce qui concerne les gestes du quotidien, c'est un peu différent. Je me suis aperçu que ce n'était pas si insurmontable que cela étant donné que, de toute façon, tu n'as pas le choix. À ce propos, je dois reconnaître que le cerveau fait preuve d'une incroyable faculté d'adaptation et j'ai pu retrouver très rapidement un niveau de préhension quasi normal.

Est-ce qu'il y a des premières fois qui ont été plus marquantes que d'autres ?

(*Rires*). Je l'ai vécue avec toi ! Curieusement, cela n'a rien à voir avec le fait d'avoir une main ou pas puisqu'il s'agit d'une douche. Tu vois de quoi je parle j'espère ?

(Rires).

En réanimation, tous les matins à 9 heures pétantes, j'avais le droit à une toilette au lit. Tous les jours, j'ai eu le droit à la bassine et au gant de toilette. Puis, dès le lendemain matin de mon arrivée en chir' ortho', il y a un infirmier et un aide-soignant qui arrivent dans ma chambre. « Monsieur Cabrita vous allez à la douche ? » Cette proposition a été exceptionnelle. Tu ne peux pas imaginer. Il y avait un savoureux mélange d'étonnement et d'excitation.

Lorsque tu m'as emmené dans cette immense pièce, dans laquelle j'ai pu saisir moi-même le pommeau de douche et laisser couler de l'eau chaude sur mon visage, mes cheveux, ma peau, c'était le bonheur !

Cela n'a l'air de rien dit de cette façon mais j'ai eu la sensation de franchir un cap dans ma reconstruction. Le seul fait de pouvoir me dire que je pouvais me doucher seul a été une sorte de point de départ de ma reconstruction. En effet, je sortais un peu de mon état de dépendance, notamment vis-à-vis des soignants qui me faisaient la toilette. Aussi, la douche, ta douche, c'était une forme de palier qui laissait entrevoir avec impatience le prochain en me disant tout simplement : à quand la prochaine étape ?

La première fois du retour à la douche a été un flot d'émotions que je ne pourrais pas t'expliquer. À la fois sensationnel et psychologique. C'est bien pour cela que je n'oublierai pas…

Alexis, à mon tour de poser des questions ! (*Rires*). Quelle tête j'ai fait quand tu m'as proposé cela ?

Je t'ai surtout vu faire les gros yeux (*Rires*). Tu devais être assez étonné que l'on te propose la douche. De mon côté, très humblement et sans fausse modestie, il n'y avait rien d'exceptionnel. Le soin que je t'ai proposé, c'est l'expression même de mon quotidien d'aide-soignant. Néanmoins, le meilleur remerciement que je puisse en retirer, c'est de t'avoir vu profiter de ce moment durant quelques dizaines de minutes.

Je te remercie une nouvelle fois. Sincèrement. Cependant, note tout de même, en tout bien tout honneur, que notre première fois, cher Alexis, notre première rencontre, c'est tout de même sous la douche ! (*Rires*).

(*Rires*). Alors, il y a cette fameuse douche, le premier repas, la première fois où tu écris de la main gauche puis, il y a la première fois où tu vas t'asseoir dans un fauteuil.

En réanimation, exactement ! Très vite, à l'annonce de la mise au fauteuil, je me demande bien comment nous allons faire car je rencontrais déjà beaucoup de difficultés à ma latéraliser ou à me mobiliser dans le lit même…

Agnès et un ami étaient présents le jour J. Celui où les soignants débarquent avec une machine. Le lève-patient. Une sorte de hamac moins beau et moins confortable (*Rires*).

L'opération est rapide, sans heurts. L'équipe est professionnelle, elle manie l'outil en deux temps, trois mouvements.

Or, si l'objectif de ce premier lever était de rester assis trente minutes, j'ai été rattrapé par mon côté compétiteur. J'ai voulu en faire davantage, d'autant que je ne ressentais pas spécialement de douleurs… Je m'en souviendrai ! Le lendemain, pour la deuxième séance, tout allait mal. Le dos, les fesses, la tête, j'étais de bric et de broc et garde un très mauvais souvenir de la deuxième séance…

***A priori*, la plupart de tes premières fois étaient positives. Mais en existe-t-il des négatives ?**

Bonne question, car j'ai toujours été enthousiaste lorsqu'il s'agissait de faire une chose pour la première fois. En revanche, il m'est souvent arrivé de vouloir dépasser mes limites alors que je n'aurais franchement pas dû…

La base de la réalisation des premières fois après l'accident, c'est essentiellement nourri de mon état d'esprit qui devait être en phase avec le moment. Le cas contraire, où tu n'es pas disposé, cela peut être et cela a pu être l'enfer, un peu comme avec le lever.

D'ailleurs, je garde un mauvais souvenir de la première position verticale. Je n'ai pas du tout aimé ce moment. L'on m'avait installé sur une table de verticalisation, sanglé au niveau du torse, du bassin… Une fois verticalisé, je me suis senti oppressé et prisonnier d'un dispositif dans lequel je ne pouvais pas évoluer.

En toute sincérité, je ne garde pas de mauvaises expériences parce que j'ai toujours pu profiter d'un bon accompagnement par des professionnels de santé.

Est-ce que l'on doit ressentir quelque chose de particulier de la part du soignant afin de faciliter l'accomplissement de toutes ces premières fois ?

Force est de constater que je suis un peu exclusif (*Rires*). Observé sous l'angle de la confiance, je dirais alors que je ne la donne pas facilement.

Par exemple, ici à Percy, j'ai un médecin référent. Quel que soit mon parcours de soins, même hors parcours, je me réfère à lui et lui me transmets toutes les informations quand cela est nécessaire. Lui seul donne également son accord pour beaucoup de choses qui concernent mon état de santé. Je fonctionne de la même façon avec ma psychologue ou ma kinésithérapeute.

En dehors de la première douche où je ne te connaissais pas à cette époque, à partir du moment où il fallut franchir de nouvelles étapes, j'ai voulu que ce soit accompagné d'une personne de confiance.

Tu fais bien d'en parler car tu as oublié de nous raconter une première fois qui, je le crois, symbolise beaucoup pour toi : se mettre debout.

(*Rires*). Là aussi, c'était quelque chose ! Je me suis mis debout pour la première fois en compagnie de la kinésithérapeute, à l'aide d'un déambulateur.

Néanmoins, on ne passe pas de tout à rien. Ce n'est pas Lourdes ! (*Rires*). En effet, tu ne peux pas passer d'une position allongée ou demi-assise à une position debout. Cela va de soi. Je suis donc d'abord passé par une étape de station assise au bord du lit et rien que cela est déjà un apprentissage ; côté amputé, non amputé, à gauche, à droite, quand tu décomposes ce mouvement tu t'aperçois qu'il n'est pas si anodin.

Cette étape a duré deux jours car j'avais une petite appréhension au début, celle de glisser. Les muscles de ma jambe étaient assez fébriles puisque cela faisait plusieurs semaines que j'étais allongé. Puis, vient le moment tant attendu !

Face à la fenêtre, la main bien agrippée au déambulateur, je me suis dressé. Un flamant rose, tout droit sur sa jambe (*Rires*). Une nouvelle fois je l'ai fait, en toute confiance… Un fondamental qui a toute son importance, preuve en est.

Les premières fois ont seulement concerné tous les aspects un peu techniques de ta nouvelle vie ?

Non, pas du tout. Il y a aussi les premières fois « plaisirs » (*Rires*). Ça va paraître très simple, mais c'est un burger avec des frites à la maison des familles de l'HIA Percy en compagnie d'Agnès et de l'un de ses frères. Toutefois, comme je te l'ai dit, j'ai été rattrapé par mon envie de me dépasser. Je n'ai pas pu tout manger car j'avais perdu l'habitude de ce genre de quantités qui dépassent franchement celles de l'hôpital ! (*Rires*).

Il y a aussi la première fois où j'ai découvert la terrasse de l'hôpital. Celle dont tout le monde parle et qui offre une superbe vue sur la Défense et la tour de TF1. À ce moment, j'étais encore en réanimation et cela faisait bien longtemps que je n'avais pas vu le soleil. J'avais aussi perdu cette sensation de l'air frais qui glisse sur ton visage ou le soleil qui te lèche le crâne…

Viendront ensuite les premières « sorties week-ends » à la maison des familles. D'abord durant la journée puis jusque tard en soirée. J'y verrais d'ailleurs le reportage du journaliste présent lors de mon accident au Mali.

Finalement, petit à petit, s'amorçaient les éléments constitutifs de ma nouvelle vie.

Au fond et à distance des événements, qu'est-ce qu'elles représentent, toutes ces nouvelles premières fois ?

Laisser faire. Oui, voilà. Une première fois, c'est un pas vers le pouvoir d'agir retrouvé en quelque sorte. En me laissant faire, les soignants m'ont permis de reprendre confiance en moi et de retrouver le chemin de l'autonomie. Le professeur L. disait souvent cette phrase : « Il faut appareiller vite pour que le corps n'oublie pas le schéma de marche. » J'y crois profondément et je dirais même que c'est beaucoup plus transcendant que cela. C'est valable pour tous les gestes de la vie quotidienne. Il faut vite aller s'asseoir, prendre une douche, manger par toi-même…

Sur l'instant, la précipitation peut surprendre. C'est vrai. Mais elle est essentielle en évitant de prendre de mauvais gestes, de mauvaises attitudes ou de mauvaises postures.

Prenons le cas de ma prothèse de jambe. Cela fait une année que je ne peux pas la porter parce qu'il y a eu un problème technique. Elle est réparée donc le souci n'est plus là mais il est ailleurs. Il faut que je l'intègre dans une vie, dans un nouvel espace où elle n'est pas apparue pendant une année, laissant place à un fauteuil roulant qui a lui-même imprimé de nouvelles habitudes de vie.

L'autonomie et la confiance sont deux mots qui résument une force entre soignant et soigné ?

Ouais, je crois. En tout cas, d'aucun n'ont manqué d'être acteur de mon autonomie grâce à leur expertise, qui nous a notamment permis de développer le lien de confiance. Un essentiel dans la relation de soin qui est, selon moi, la clé qui ouvre la porte d'un espoir chez la personne soignée : sa dignité.

13

Les hôpitaux d'instruction des armées

Même s'ils ne représentent qu'une entité minoritaire dans le paysage hospitalier français[1], les hôpitaux d'instruction des armées (HIA), au nombre de huit sur le territoire métropolitain, incarnent l'excellence française de la médecine militaire et, de façon plus générale, le besoin impérieux du lien « armée-nation » par les services qu'ils offrent à l'ensemble des citoyens.

Historiquement associé au roi Louis XIV par un édit royal du 22 mars 1708, le Service de santé des armées (SSA) fait figure de pionnier dans l'accomplissement d'une médecine au plus proche d'une population spécifique : le combattant. Traversant les époques, son expertise s'est amplifiée et enrichie au fil des ans, mue des praticiens de qualité qui l'ont installé durablement dans le paysage sanitaire français. Depuis, le

1. P. Godart, « Le service de santé des armées : histoire, enjeux et défis », *Inflexions*, 20/2, 2012, p. 165-175.

SSA propose une offre de soins complète au profit de la population militaire, et de leurs ayants droit, mais aussi envers n'importe quel citoyen[1].

« Lorsque mes yeux se réouvrirent, je découvrais avec stupeur les murs nacrés de la réanimation de l'hôpital d'instruction des armées Percy. Est-ce que j'ai eu peur ? Non. Même si j'étais face à une situation que je ne comprenais pas encore, que les pousses seringues sonnaient et que la fourmilière de la réanimation s'agitait autour de moi dans un ballet bien organisé, j'étais bien vivant. C'était là l'essentiel. »

Ce faisant, les HIA font véritablement figure de guichet unique de ce double rapport civilo-militaire, et cela dans tous les sens du terme. En effet, positionnés aux quatre coins du territoire métropolitain, ils offrent d'abord une fonction de support à l'ensemble des forces armées en contribuant à leur suivi et aux soins afférents au maintien de la capacité opérationnelle dans le cadre rigoureux de l'aptitude. En outre, ils participent à l'animation et font le lien avec le réseau de centres médicaux installés dans les différentes unités.

1. Arrêté « conjoint » du 25 juin 2010 fixant la liste prévue à l'article L. 6147-7 du Code de la santé publique (*Jorf* du 7 juillet 2010).

« On parle souvent du dévouement des personnels hospitaliers mais je dois dire que c'est bien réel. Ce n'est pas une mauvaise caricature. Par-delà les mots, il y a les gestes. Je l'ai vécu tous les jours. Militaire ou non, chacune et chacun est sincèrement engagé pour la personne soignée. »

Par ailleurs, les HIA assurent en la prise en charge aiguë et chronique du polytraumatisé de guerre et des blessés en service[1] grâce à des plateaux techniques de haute technicité. Ceux-ci profitent dès lors d'un parcours de soins coordonnés entre les différents spécialistes du SSA et les cellules d'aide aux blessés qui interviennent de pairs au fil de leur réhabilitation.

D'autre part, les HIA participent activement en matière de recherche scientifique[2] (par exemple élément mobile de réanimation, exosquelette, plasma lyophilisé, suivi du stress post-traumatique), et cela dans différents domaines visant, notamment, à l'amélioration de la qualité de la vie opérationnelle[3]. En perspective, les

1. « Prise en charge d'un blessé de guerre ». Disponible sur : https://www.defense.gouv.fr/sante/operations-exterieures/soigner-le-blesse-de-guerre/prise-en-charge-d-un-blesse-de-guerre

2. « Forum innovation défense 2020 : le Service de santé des armées à l'honneur ». Disponible sur : https://www.defense.gouv.fr/sante/actualites/forum-innovation-defense-2020-le-service-de-sante-des-armees-a-l-honneur

3. M. Généro-Gygax, « Le Service de santé des armées : une histoire ancienne en plein renouveau », *Revue Défense nationale*, 809/4, 2018, p. 46-53.

HIA mobilisent cette expertise et sont partie prenante de la formation ainsi que de la montée en compétences des professionnels et futurs professionnels de santé qui fréquentent leurs murs tout au long de l'année.

Placés au cœur du dispositif de soins, les HIA forment ainsi, pour majeure partie, la colonne vertébrale du Service de santé. Le déploiement efficient de ses capacités s'entend par la qualité de ses infrastructures de soins en métropole mais également en opérations extérieures, puisque de nombreux équipages des HIA y emmènent ce savoir-faire[1].

« Je n'ai jamais eu l'impression d'être un objet que l'on traite au symptôme lors de mon hospitalisation. Du début à la fin, je me suis senti impliqué, un véritable partenaire de ma prise en charge, accompagné par l'expertise des professionnels de santé. En vérité, c'est la clé. En effet, qui mieux que le blessé militaire lui-même, celui qui vit dans son esprit et dans sa chair son traumatisme, peut être acteur de son parcours de soins ? »

---

1. « Barkhane : une opération chirurgicale conjointe à Gao ». Disponible sur : https://www.defense.gouv.fr/operations/actualites2/barkhane-une-operation-chirurgicale-conjointe-a-gao

Toutefois, le rôle des HIA ne se limite pas à la communauté militaire. Comme il est dit précédemment, ces établissements ouvrent leurs portes aux civils dans le cadre d'une mission de participation à l'offre de santé publique[1].

De la même façon que les militaires, la population générale peut alors profiter de l'expertise du SSA, y compris lorsque les HIA ont pris part à la prise en charge du risque pandémique[2] (virus Ebola ou Covid-19) ou des blessures balistiques secondaires aux attentats terroristes dans la capitale[3].

Par ce fait, il est évident de constater l'engagement multicanal des HIA dans la préservation et le maintien de la santé comme le bien précieux qui nous intéresse tous, que l'on soit civil ou militaire. En déployant leur expertise dans un large champ d'action soulignant la polycompétence de celles et ceux qui en sont les principaux acteurs, les HIA admettent d'être des contributeurs directs de la résilience nationale.

« Après les affres des blessures, il s'agissait pour moi d'accompagner d'autres blessés militaires ou civils. J'en avais besoin. Aussi, plusieurs fois

1. Code de la santé publique, art. R6147-112. Disponible sur : https://www.legifrance.gouv.fr/codes/article_lc/LEGIARTI000038443982

2. « Il y a un an : Bégin accueille le premier patient Ebola en France ». Disponible sur : https://www.defense.gouv.fr/english/sante/actualites/il-y-a-un-an-begin-accueille-le-premier-patient-ebola-en-france

3. « Attentats : le SSA en première ligne ». Disponible sur : https://www.defense.gouv.fr/sante/actualites/attentats-le-ssa-en-1re-ligne

durant mon hospitalisation ou lors de nouveaux séjours, j'ai eu l'occasion de venir témoigner directement en chambre auprès d'autres patients entamant leur chemin de reconstruction. Je crois profondément au partage de l'expérience de patient à patient, d'égal à égal. C'est une dynamique extrêmement positive ! »

En tout état de cause, promoteurs de la spécificité du soin dans les armées, par leurs actions les HIA soulignent cependant l'unanimité d'un seul credo qu'ils partagent avec tous les établissements de santé : servir et soigner.

14

La réhabilitation physique

Le seul moyen de guérir,
c'est de se considérer comme guéri.

Gustave Flaubert, Lettre.

Bien, Manuel. Nous avons longuement évoqué le temps de la réparation, maintenant, vient le temps de la réhabilitation. Explique-nous en quoi consiste cette séquence essentielle de la reconstruction du blessé militaire.

En ce qui me concerne, eu égard à mes blessures physiques, la réhabilitation consiste, d'abord et surtout, à réapprendre l'ensemble des gestes de la vie quotidienne et cela dans ce qu'il y a de plus simple. Se brosser les dents, se doucher, utiliser des couverts, etc.

Dans d'autres perspectives, la réhabilitation permet également de retrouver la mobilité, notamment grâce aux différents appareillages, entendus chez moi comme des prothèses.

La réhabilitation est une seconde naissance un peu paradoxale puisque l'on apprend de nouvelles choses tout en ayant déjà un bagage de connaissances et des habitudes de vie, des modalités pratiques qu'un nouveau-né ne peut avoir par exemple. Cela étant, le parcours de réhabilitation démontre en l'état que les apprentissages perpétuels, tout au long de la vie, existent réellement, je suis maintenant bien placé pour en témoigner.

Les prothèses, justement, parlons-en. Tu en as deux. J'imagine que la prise en main de cet appareillage ne se réalise pas du jour au lendemain. Comment franchit-on ces étapes ?

En premier lieu, il y a une étape chirurgicale. En effet, le moignon doit « correspondre » à la prothèse et être adapté à l'appareillage afin de ne pas entraîner de douleurs ou une gêne quelconque au quotidien.

Une fois que le membre est prêt à accueillir l'appareillage, la seconde étape est celle du manchon. Cela ressemble un peu à une chaussette en micropolymère, du gel qui est très adhérent. Le manchon permet essentiellement d'affiner le moignon et de l'étirer. Si mes souvenirs sont exacts, cela a duré environ deux-trois semaines. *In fine*, cette étape contribue à préparer la troisième séquence de l'appareillage : le moulage, un moment durant lequel le moignon est enduit de plâtre afin de réaliser une emboîture.

Dans mon cas, une fois appareillé, tu conserves le manchon afin de ne pas mettre directement le moignon en contact avec l'emboîture, tout simplement parce que mon moignon n'est pas assez « lisse ». Cela ne me permet pas de maintenir mon appareillage par appel d'air puisque le vide ne se réalise pas totalement.

Puis, enfin, au bout de l'emboîture, l'on trouve la prothèse. À partir de cet instant, l'on peut commencer à marcher.

Qui gère ce travail d'élaboration et d'adaptation des prothèses ?

La gestion de ma prothèse de jambe est confiée aux armées, *via* le Centre d'études et de recherche sur l'appareillage des handicapés (Cerah) qui dépend de l'Institution nationale des invalides (INI). Pour ce qui est de la prothèse de membre supérieur, je dépends d'une entreprise privée. Depuis peu, le prothésiste qui s'occupait tout particulièrement de moi a fondé son entreprise, je l'ai suivi afin de m'assurer un suivi continu avec une personne qui a toute ma confiance et qui connaît mes attentes.

Raconte-nous un peu tes « premiers pas ».

Je m'en souviens très bien (*Rires*). Il y a d'ailleurs de belles photos qui rappellent cette journée exceptionnelle !

Ce jour-là, j'étais accompagné de mon ami, Tony, qui appartient au groupe des trois amis présents depuis le début de ma reconstruction. Puis, Agnès était également présente, tu te doutes bien.

Nous sommes partis de l'hôpital d'instruction des armées Percy afin de rejoindre le Cerah à Créteil. La prothèse venait d'être livrée. Cela signifiait que j'allais marcher, à nouveau, pour la première fois : quelle émotion !

La remise à la marche est très rapide. Tu es installé entre deux grandes barres parallèles et l'on t'appareille. Au préalable, cela faisait déjà plusieurs semaines que je suivais un programme de musculation afin de retrouver un maintien vertical de qualité.

« Vas-y essaie. » Je me lance. Ça y est ! Dans ma tête, il ne se passe rien, seulement une concentration extrême et l'écho de la multitude de conseils qui m'avaient été lancés par mes camarades blessés ou les kinés de l'hôpital durant les semaines précédentes.

Les premiers pas ont été finalement très naturels. Agnès était très émue, mon pote était dingue et moi, je faisais des allers-retours entre les barres en ne me disant qu'une seule chose : « C'est fantastique ! Je marche ! »

Très vite, le prothésiste m'a fait quitter les barres. À l'aide d'une béquille, j'ai pu tester la marche sans cadre protecteur.

Petite mention spéciale au prothésiste qui a certainement vécu un grand moment de stress en me voyant vaciller tandis que je me marrais ! (*Rires*).

À ce sujet, je vais te raconter un pari que j'avais lancé à un kiné de l'HIA Percy. Une fois appareillé, la canne ou la béquille, hors de question que je la garde plus d'une semaine. Lui n'y croyait pas. Moi, oui.

Le pauvre a perdu son pari, à son grand étonnement, puisque trois jours après je n'avais déjà plus besoin d'aide pour marcher. Comme quoi, l'orgueil du parieur, ça aide à se réhabiliter ! (*Rires*).

Mon vécu professionnel me fait te poser cette question essentielle : la première prothèse de jambe était-elle la bonne ?

Non. Au début, j'ai donc testé une première prothèse m'ayant permis de retrouver la marche. Cela se passait bien. Même plutôt bien. Cependant, par souci de matériel, j'ai dû faire évoluer mon appareillage vers une prothèse plus récente. Ce fut un échec total.

Effectivement, j'ai régressé avec cette prothèse plus récente pour plusieurs raisons et notamment parce que, en fin de compte, elle ne me convenait pas. Voilà tout.

Le blessé doit *stricto sensu* faire corps avec sa prothèse, ce qui n'était pas le cas avec la plus récente.

Actuellement, je travaille avec un modèle de genou assez récent que j'ai choisi, que mon corps a choisi, il y a déjà un peu de temps.

Et ta prothèse de membre supérieur ? Qu'en est-il ?

Là, c'est un parcours un peu plus long. Non pas parce que la préparation est plus longue. En fait, l'usage d'une prothèse de bras, électronique dans mon cas, nécessite l'apprentissage de codes.

Des capteurs sont en effet posés sur mes muscles et c'est la contraction musculaire volontaire qui envoie des signaux à la main afin de l'actionner de façon différente. Aussi, il est nécessaire d'apprendre un nouveau langage du corps, musculaire, pour rendre la prothèse opérationnelle et recréer des mouvements « naturels » de la main comme l'ouvrir et la fermer, la serrer, saisir un objet…

Dans la préhension de cet outil particulièrement innovant et moderne, il y a alors différentes étapes conduisant à son utilisation optimale. D'abord, comme je te l'ai dit, le plus gros travail est, bien entendu, d'apprendre les codes. Puis, tu les mets en application sur une main dite de « première génération ». C'est-à-dire que la main n'est pas installée sur le moignon, seuls les capteurs sont reliés sur tes muscles. Cela te permet de répéter et d'affiner l'usage des codes, surtout la précision, avant de passer à la mise en application réelle si je puis dire.

Progressivement, les mains augmentent en capacité et te permettent d'enrichir ton nouveau vocabulaire musculaire ! D'une seule ouverture-fermeture de main, tu passes petit à petit vers quelque chose de beaucoup plus précis, qui ressemble davantage au potentiel réel d'une main naturelle.

En somme, l'apprentissage de la prothèse des mains ressemble à s'y méprendre à celui de la lecture. Dans un premier temps, tu apprends l'alphabet, puis des groupes de lettres et enfin des mots ! C'est très bien pensé !

En l'état, il est ainsi naturel que l'usage de la prothèse de main soit beaucoup plus long que celui de la jambe car c'est un outil beaucoup plus complet et subtil.

À chaque fois que tu essaies une main, le protocole est le même. Tu gardes la prothèse un certain nombre de jours et à la fin de cette période, tu réalises une batterie de tests filmés.

C'est très intéressant. En quoi consistent ces tests ?

Couper un steak, se verser un verre d'eau, passer un fil dans une aiguille... Les épreuves ne manquent pas et s'enchaînent au fil des heures. À l'issue, un score chiffré est déterminé par des ergothérapeutes afin de déterminer si ta préhension prothétique est adaptée.

Au total, j'en ai essayé quatre et j'ai connu une expérience de choix similaire à celui que j'ai réalisé pour m'approprier la prothèse de membre inférieur.

En ce qui concerne les résultats d'essai des mains, j'étais « kif-kif ». J'avais obtenu des scores d'environ 94 % et 96 % sur deux prothèses. Ainsi, me restait seulement le choix du roi dans la mesure où les deux dernières prothèses apparaissaient tout à fait adaptées.

Néanmoins, la dernière main que j'ai testée est la prothèse dite « Vincent ». J'étais le premier patient français à tester ce modèle. J'en retirais à ce moment une immense fierté de marquer, en quelque sorte, l'histoire de la prothèse française en devenant un pionnier de son utilisation. En cela, mon retour d'expérience et mon avis allaient être très importants. De fait, je me suis réellement investi dans cet essai.

Pour autant, considérant que nous manquions encore de recul et plus particulièrement d'un service après-vente correspondant à mes attentes, j'ai opté pour un modèle inférieur mais de qualité suffisante afin de répondre à mes besoins.

Est-ce qu'il y a eu des obstacles particuliers sur ton chemin de réhabilitation ?

Au niveau de la main, non. Je n'ai jamais rencontré de difficultés. La seule problématique un peu spécifique autour de la prothèse de main concerne surtout mon moignon. Je me suis retrouvé avec une excroissance osseuse qui a percé mon moignon. Bien évidemment, tu t'en doutes, cela a engendré des conséquences sur le plan infectieux et donc une prise en charge chirurgicale en sus. C'est le seul obstacle notable.

Toutefois, maintenant que tu m'en parles, au quotidien je me rends de plus en plus compte que la prothèse de main devient handicapante alors qu'elle est censée me faciliter la vie. J'ai tout simplement la sensation de faire plus de choses avec mon moignon qu'avec une main articulée. C'est peut-être difficile à imaginer mais c'est une réalité qui n'est absolument pas un rejet de ma main « Robocop » qui me rend tout de même bien des services (*Rires*).

En revanche, si je vis une lune de miel avec ma main, cela a été autre chose avec la prothèse de jambe…

Après des reprises chirurgicales de moignon, pendant presque une année, je n'ai pas pu marcher avec elle. Le manchon que j'utilisais me brûlait l'entrecuisse. Cela se transformait en une expérience très douloureuse. Cependant, je suis resté dans mon fauteuil roulant pour une raison particulière : la crise du Covid ne m'a pas permis de retourner à l'hôpital afin de procéder à des modifications et/ou à un changement de matériel.

En conséquence, j'ai notamment perdu en musculature, en cardio, et j'ai dû reprendre un gros travail de fond à l'HIA Percy afin de me permettre de retrouver au plus vite l'usage de la prothèse. Aujourd'hui, c'est chose faite, c'est une affaire qui roule ! (*Rires*).

Manuel, en off tu m'as dit que l'on pouvait aborder tous les sujets. Pas de tabous. Permets-moi alors de te poser une question un peu plus intime. Comment intègre-t-on ces appareillages dans sa vie privée ?

Déjà, il n'y a pas de miroir dans la chambre. Je nc me regarde pas sans mes prothèses. Mon corps est encore dégueulasse pour moi. Comme je te l'ai dit, je ne l'ai pas encore adopté. Encore plus maintenant avec cet épisode de déconditionnement physique qui m'a fait prendre du poids. Sincèrement, mon physique, je le hais. C'est comme cela, je n'ai pas d'autres mots.

Les appareillages ne font pas repousser un bras ou une jambe, c'est un palliatif. Rien ne fera me sentir une nouvelle fois « complet ».

Mon chemin de réhabilitation s'arrête aujourd'hui à l'acceptation de mon propre corps.

Comment le résumerais-tu, ce chemin ?

Difficile. Je n'ai rien d'autre à dire. C'est une difficulté générale. Tout est compliqué. Les appareillages ne sont que la partie visible d'un énorme iceberg que je découvre encore un peu tous les jours…

15

La trace invisible

Pour vivre avec un traumatisme,
il faut l'affronter, le verbaliser, l'accepter.

Michel Bussi, *Maman a tort*

Nous avons beaucoup parlé des blessures physiques, elles sont importantes bien entendu. Or, il existe également une blessure dont on parle peu mais qui peut prendre beaucoup de place. Il s'agit de la blessure psychique ou le « stress post-traumatique ». Tu peux nous en dire plus ?

Oui, je suis d'accord, car la blessure post-traumatique a la fâcheuse habitude de ne pas se voir donc nous avons tendance à l'oublier. Surtout chez moi.

À première vue, lorsque l'on me regarde je suis d'abord la blessure physique. On ne voit que cela. C'est mon identité de blessé. Ainsi, de prime abord, les personnes établissent très vite une corrélation. De fait, elles ont tendance à oublier la blessure psychique comme étant associée directement à ma blessure physique… Mais elle est bien là. Bien présente.

De quelle façon se manifeste la blessure psychique ?

D'abord, il faut savoir que la blessure psychique n'est pas une simple plaie sur laquelle l'on vient mettre un pansement puis, tout va bien. Non. Elle est beaucoup plus insidieuse et donc moins accessible et atteignable d'autant plus qu'elle est relativement polymorphe. Dans mon cas, c'est assez difficile à expliquer mais je dirais que c'est essentiellement comportemental. Je suis devenu très changeant.

Parfois, mon corps me fait parvenir des messages. J'ai chaud, je transpire intensément, je suis exécrable ou je ne supporte plus les personnes autour de moi. Par exemple, dans ce genre de contexte, il m'est arrivé à un feu rouge de vouloir descendre de la voiture pour frapper un autre chauffeur juste pour une histoire de klaxon… (*Silence*).

Sur un autre plan, la blessure psychique se manifeste aussi chez moi par un goût métallique dans la bouche ou des odeurs. Ce premier détail m'a marqué dès mon retour dans le monde, en réanimation. À chaque apparition de ce goût bien particulier, je savais déjà que mon prochain cycle de sommeil allait être rempli de cauchemars. Des choses improbables… (*Silence*).

En ce qui concerne les odeurs, celles-ci sont assez souvent perceptibles. C'est une odeur de brûlé, caractéristique de l'odeur des flammes, des carburants et de la carlingue qui chauffaient tout autour de moi lors de l'accident. Elles arrivent et repartent mais, une chose est certaine, elles sont définitivement imprimées en moi.

Enfin, au niveau physique, je peux avoir des mouvements de sursauts très puissants durant mon sommeil qui s'associent avec une sensation de projection de poudre sur mon visage ainsi qu'une compression thoracique… (*Silence*) très forte… (*Silence*) comme durant l'accident… (*Silence*).

Moins de cinq ans après ton accident, ton stress post-traumatique t'impacte-t-il toujours avec la même intensité ?

Il n'est plus aussi intense. Je dirais qu'il a évolué. Si les odeurs ne me quittent pas, ce goût annonciateur dont je t'ai parlé a presque disparu, voire totalement disparu. Pour autant, cela n'empêche pas les cauchemars qui sont toujours très présents et totalement imprévisibles, peu importe le temps de repos. C'est aujourd'hui le plus important retentissement personnel du stress post-traumatique.

Ces cauchemars, parlons-en. Ils sont toujours très ciblés. Toujours baignés dans un même contexte, celui de la guerre, bien entendu. Des armes, des cris, des explosions. Néanmoins, je n'y suis pas toujours impliqué en tant que militaire, cela m'est déjà arrivé d'être un civil.

L'issue de tous ces cauchemars est hélas la mort. En hélicoptère, sur un trajet en voiture, un combat à l'arme, une explosion…

En plus, ces cauchemars, parce qu'ils me semblent réels, me le font vivre dans mon sommeil. Je « vis ma guerre ». Aussi, je peux tomber au sol sans me réveiller dans une situation basique mais, plus grave, je peux devenir violent et plus particulièrement avec Agnès puisqu'elle est juste à côté de moi.

Elle a d'ailleurs précisé à ses collègues de travail qu'il était possible qu'elle puisse arriver un jour au travail avec un œil poché ou une marque sur le visage. Pas parce que c'était une femme battue mais seulement parce que j'étais très agité la nuit. J'évoque cela à juste titre, car il m'est arrivé de tenter de l'étrangler durant mon sommeil...

Est-ce que le stress post-traumatique a également un retentissement sur ta vie privée et sociale ?

Le contact avec les autres est toujours difficile, notamment dans les restaurants. Si l'on me frôle un peu trop, si je me sens coincé, si j'ai des clients derrière moi... Un malaise s'installe très vite car je me sens oppressé. Le moment de plaisir devient torture.

Maintenant qu'Agnès et moi parvenons à maîtriser cela, les parades existent afin de contourner ce sentiment comme le fait de s'installer en terrasse, si possible à un endroit où je peux observer tout le monde, mais ce n'est pas faisable toute l'année dans ma zone géographique ! (*Rires*).

Plus sérieusement, la question de la volonté de maîtrise du « cas où » est devenue centrale dans mes déplacements et conditionne mes activités. Cela me rassure et m'apaise, sinon mes sens sont à l'affût durant toute la sortie ou l'activité, ce qui me gâche le plaisir d'être ensemble et de partager.

Bénéficies-tu encore d'une prise en charge particulière ?

Pour l'ensemble de ma situation de grand blessé de guerre, je suis placé depuis l'accident en congé longue durée maladie, renouvelable tous les six mois par une psychiatre militaire à l'HIA Desgenettes à Lyon. En outre, je suis suivi par une psychologue militaire à l'HIA Percy.

À ce niveau de la prise en charge institutionnelle, mon parcours de soins de la blessure psychique s'arrête là car, comme dit précédemment, mes blessures physiques prennent le pas sur le reste et orientent mon parcours de blessé militaire, davantage tourné vers la résilience physique que psychique.

Existe-t-il un réseau de soutien psychologique entre blessés militaires ?

De façon informelle oui mais, à titre personnel, le stress post-traumatique est encore un peu trop difficile à gérer pour moi. Je n'arrive pas à aller chercher du soutien auprès de mes camarades blessés et je pense que je ne pourrais pas en retirer de grands bénéfices. Sur ce point, de nombreux blessés militaires partagent ce point de vue. Déjà, parce que nous sommes relativement taiseux. Le militaire n'est pas un gars très loquace. C'est un pudique.

Puis, parce que nous n'avons tout simplement pas envie de nous accabler mutuellement de notre détresse psychique alors que tout un chacun progresse de façon difficile sur son chemin de reconstruction. Lorsque nous nous retrouvons, au détour d'une hospitalisation ou d'un événement militaire, nous parlons de tout sauf de notre mental. Défaut ou qualité, je ne saurais pas définir ce comportement, mais toujours est-il que c'est très partagé…

En 2021, entre la blessure physique et la blessure psychique, laquelle prend le plus de place dans ton quotidien ?

Belle question. La blessure physique admet au moins deux pendants bien déterminés : la douleur et l'aspect logistique. La blessure psychique, elle, se limite, à la douleur. Une perception tangible mais difficilement traitable tant elle ne se mesure pas, au contraire de la blessure physique par exemple, auquel cas tu prends un antalgique et cela se calme. Ce qui n'est pas le cas de la blessure psychique, en dépit des anxiolytiques…

Face à cela, il est difficile d'établir une hiérarchie entre la blessure physique et la blessure psychique vécues au jour le jour. L'une prend la place de l'autre selon les jours, mais de façon différente en ressenti et en gestion. Aucune ne disparaît réellement.

La blessure physique sera toujours en moi, elle est mon stigmate visible. Deux moignons, un visage balafré et une logistique hors pair dans mes activités quotidiennes. Par conséquent, même si la douleur devait disparaître un jour, la trace physique ne disparaîtra pas. Les membres ne repoussent pas. C'est ainsi.

La blessure psychique sera aussi mon épée de Damoclès car elle est réactionnelle. Un rien suffira à réactiver tous ces microtraumatismes psychiques qui ne seront jamais vraiment cicatrisés. Un bruit de pétard, un cri d'enfant, une odeur de barbecue… Nombreux sont les stimuli qui pourraient réactiver le stress post-traumatique, même après des années « sauves ».

En 2021, la blessure physique et la blessure psychique sont mon lot. Deux paquets tout aussi encombrant l'un que l'autre, en définitive… (*Rires*).

Manuel, dis-moi si je me trompe, mais je perçois que le sujet du stress post-traumatique est une thématique beaucoup plus sensible que les autres.

(*Silence*). Non pas que je sois dans un état de détresse psychique intense mais je dois reconnaître que ce sujet a toujours été un peu secondaire dans mon parcours alors que j'aurais dû prendre également soin de moi sur cet aspect. Je l'ai négligé et le séquençage de mon parcours de soins, entre appareillages et rééducation physique, ne m'a pas non plus aidé à panser la blessure psychique au même titre que le reste.

16

Le stress post-traumatique

Appelé en anglais *Post-Traumatic Syndrom Disorder* (PTSD), l'état de stress post-traumatique est un trouble anxieux sévère[1]. Dans le contexte national et international des risques liés aux attentats terroristes, ce dernier phénomène est revenu au centre des débats et des enjeux de la communauté médicale.

En effet, l'état de stress post-traumatique intervient après un traumatisme physique et/ou psychique majeur. Ce dernier est caractérisé par un stress intense et un sentiment d'impuissance face à une mort imminente vécue ou vue.[2]

Sur le plan clinique, l'état de stress post-traumatique se concentre autour de reviviscences du traumatisme

1. « État de stress post traumatique (ESPT). Symptômes, causes, traitements et prévention », *Vidal*. Disponible sur : https://www.vidal.fr/maladies/psychisme/etat-stress-post-traumatique-espt.html

2. P. Brillon, « Le stress post-traumatique », *Troubles mentaux et psychothérapie*, 2016. Disponible sur : http://www.cairn.info/troubles-mentaux-et-psychotherapies-9782361063917-page-55.htm

(par exemple odeurs, bruits, images), auxquelles s'adjoignent des troubles de la personnalité (par exemple comportement d'évitement) et des troubles psychosomatiques (par exemple altération de la vigilance et des réactions)[1].

« Le traumatisme psychologique, c'est la deuxième explosion qui arrive à distance de la première. Retardée, elle a même la force de déflagration. À ceci près qu'elle est invisible pour les autres. C'est la seule différence. Aussi, parler de sa blessure psychologique est une étape difficile car la première pensée qui te traverse l'esprit est simple : Est-ce que je suis en train de devenir fou ? »

Depuis l'Antiquité, l'on rapporte déjà l'état de stress post-traumatique, plus particulièrement vécu chez les soldats. Cependant, c'est la révolution des pratiques médicales et l'émergence de conflits militaires au cours du siècle dernier qui ont permis de réellement identifier ce trouble, puis de procéder à l'élaboration des premières stratégies thérapeutiques[2].

1. E. Masson, « Syndrome de stress post-traumatique : clinique et thérapie. EM-Consulte ». Disponible sur : https://www.em-consulte.com/article/38603/syndrome-de-stress-post-traumatique-clinique-et-th

2. Inserm, « Troubles du stress post-traumatique », Inserm, *La science pour la santé*. Disponible sur : https://www.inserm.fr/dossier/troubles-stress-post-traumatique/

Dès 2010, le ministère des Armées a redéfini sa politique de prise en charge de la blessure psychique en reconnaissant la nécessité globale de disposer d'un réseau de prévention et de soins du militaire ainsi que de sa famille. Une population au sein de laquelle la prévalence de l'état de stress post-traumatique est importante[1].

D'année en année, plusieurs plans d'actions[2] successifs ont permis de prendre en compte la dimension du stress opérationnel et du stress post-traumatique afin de renforcer les dispositifs de lutte, de prévention, d'identification et coordination de la souffrance psychique.

Cependant, placé au cœur de cet enjeu de santé, le Service de santé des armées a développé une approche holistique de l'état de stress post-traumatique depuis 2001 (date du début des opérations en Afghanistan)[3].

« Les détails, les odeurs, les bruits, tout me revient en mémoire. J'y suis. Parfois en dedans, parfois en dehors. Mais, je revis tout. Exactement tout. La plupart du temps lorsque je rêve, il arrive même que d'autres souvenirs d'opérations interviennent dans un furieux mélange de violences et d'angoisses. »

---

1. « Dispositif de prise en charge de l'ESPT dans les armées ». Disponible sur : https://www.defense.gouv.fr/sante/dossiers-complementaires/classeur-stress-post-traumatique/dispositif-de-prise-en-charge-de-l-espt-dans-les-armees

2. « Stress post-traumatique ». Disponible sur : https://www.defense.gouv.fr/sante/actualites/stress-post-traumatique

3. « La guerre et après... », France Culture. Disponible sur : https://www.franceculture.fr/emissions/les-pieds-sur-terre/la-guerre-et-apres-0

L'état de stress post-traumatique est effectivement polymorphe et discret dans son apparition clinique s'il n'est pas dépisté à temps et admet d'avoir un caractère très subjectif, notamment selon la qualité de la préparation opérationnelle (avant, pendant et après la mission), devenant en elle-même un enjeu de prévention[1].

Dès lors, afin d'éviter des souffrances importantes pour la personne, il faut agir et savoir agir, tout en ayant conscience que l'état de stress post-traumatique n'est pas seulement un symptôme. Cela impacte concrètement toutes les dimensions de la vie avec tous les effets délétères que l'on peut imaginer sur la dynamique professionnelle et privée.

L'état de stress post-traumatique devient ainsi un enjeu de santé cardinal pour le bien-être du combattant et de son entourage, même si, actuellement, il ne se guérit pas.

À ce titre, l'intervention psycho-médicosociale consiste seulement à apaiser les symptômes afin d'améliorer la qualité de la vie de l'individu.

C'est dans ce cadre que, pour les années 2019-2022, le ministère des Armées a choisi d'agir de façon générale afin de « contribuer au rétablissement et favoriser une meilleure réhabilitation psychosociale des militaires blessés[2] ».

Fruit de ce travail, le dispositif non médicalisé de réhabilitation psychosociale dédié à l'accompagnement

1. L. A. Planiol, *Études de l'Irsem*, 61, p. 64.

2. « Athos : accompagnement des militaires blessés psychiques ». Disponible sur : https://www.defense.gouv.fr/terre/actu-terre/athos-accompagnement-des-militaires-blesses-psychiques

des militaires blessés psychiques « Athos » est créé. Il intervient en complément des dispositifs médicalisés telles que peuvent l'être les hôpitaux d'instruction des armées ou l'Institution nationale des invalides.

Sous la forme d'établissements non médicalisés de réhabilitation psychosociale, ce dispositif propose gratuitement un programme individualisé et un accompagnement de proximité du militaire blessé psychique dans le domaine de la coordination des soins ou bien encore de la réinsertion socio-professionnelle civile ou militaire[1].

« Dans mon quotidien, le stress post-traumatique est aussi une réalité que je dois apprivoiser. La fête nationale, notamment le soir des feux d'artifice, est une véritable bataille émotionnelle pour moi. Les bruits d'explosion me choquent et me bousculent. Les premières fois, je n'ai pas supporté. Maintenant, je vis avec… Le stress post-traumatique sera certainement ma vieille compagne de route, je n'ai pas le choix ! »

---

1. « Maisons Athos : accompagner les militaires blessés psychiques ». Disponible sur : https://www.defense.gouv.fr/sante/actualites/maisons-athos-accompagner-les-militaires-blesses-psychiques

Cependant, au-delà ces aspects institutionnels nécessaires à la résilience du combattant et de son entourage, l'état de stress post-traumatique admet tout de même encore de nombreuses inconnues psychologiques et physiologiques (par exemple mécanismes de reviviscence et neurobiologiques) pour lesquelles l'intervention humaine s'est fixé de découvrir le champ possible grâce à la recherche scientifique.

Prendre en charge et améliorer les soins proposés aux personnes souffrantes revêt alors un caractère pluridisciplinaire essentiel qui s'inscrit, comme le prouvent les initiatives précédentes, sur un parcours de santé complexe et obligatoirement continu de toutes celles et ceux qui ont vécu un traumatisme, et de qui personne ne peut plus maintenant sous-estimer l'empreinte visible et invisible de la douleur. Un phénomène qui s'exprime et s'appréhende de façon très personnelle.

17

Agnès

Un couple qui réussit est un peu
plus qu'un homme plus une femme.
C'est un équilibre et un mouvement
un peu mystérieux.

François Nourrissier

Alexis Bataille. – Agnès, le 31 juillet 2017, il est 12 h 20, un appel retentit sur ton téléphone portable. Comment cela se passe ?

Agnès. – De façon très étrange, je me rappelle d'abord le contexte. Je me souviens par exemple de la manière dont j'étais habillée ou ce que je faisais exactement quand le téléphone s'est mis à sonner. Je partais m'acheter des sushis avec une collègue de bureau.

Soudain, un numéro que je ne connais pas apparaît sur mon écran. Je réponds. Un monsieur au bout du fil me demande immédiatement de confirmer mon identité. « Êtes-vous l'épouse du caporal-chef Cabrita ? »

De façon très lapidaire, il m'annonce : « J'ai eu une information, c'est tout ce que je sais, votre mari est au bloc opératoire. Pour le moment tout va bien. Je vous tiens informée de la situation ».

À ce stade, je reconnais ne pas être très inquiète étant donné que si cela avait été très grave, j'aurais certainement déjà reçu des appels de ses camarades afin de me prévenir. Puis, le ton de l'interlocuteur n'est pas très inquiétant. Soit. Lorsque l'on est épouse de militaire on est un peu habituée à vivre dans un qui-vive permanent. Une forme de stress qui me permet de relativiser sur beaucoup de choses. En attendant, je passe quelques autres coups de fil à ses collègues. Vacances estivales obligent, peu de réponses ou, en tout cas, peu d'informations.

Je pars déjeuner avec ma collègue. Vers 15 heures, second appel. « Je n'ai pas plus d'informations. Il est toujours au bloc opératoire. » L'inquiétude commence à poindre en entendant cela. En effet, plus de trois heures de chirurgie, ce n'est pas rien. Sa blessure doit être grave. Une amputation sans doute. « Vous avez plus d'informations ? – Non. »

16 heures, le ton change. Il devient plus grave. C'est celui de ses amis. Ils ont des informations mais ne préfèrent pas m'en parler, admettant que ce soit le premier contact qui le fasse. C'est ce qu'il fera vers 17 heures. « Une délégation devait être déclenchée. Confirmez vos coordonnées professionnelles et

santé des armées (Cabmssa). Tout de suite, ils m'ont expliqué un peu le parcours de soins de Manuel ainsi que les moyens mis à notre disposition afin de nous faciliter la vie sur l'îlot Percy, notamment en nous faisant visiter la maison des familles.

Enfin, nous sommes descendus en réanimation. Une nouvelle fois, revue des procédures et des protocoles encadrant les visites. Un médecin a également pris le temps de nous faire une brève synthèse de l'état de Manuel.

Cependant, un détail de son explication nous a interpellés. Nous n'y avions pas pensé, en effet. Le visage. Son visage, nous expliqua le praticien, a subi un énorme délabrement. « il [son visage] n'est plus le même », dira-t-il. Autant les amputations ne m'importaient pas, mais le visage…

Toutefois, j'étais heureuse. Très heureuse. Manuel était en vie, c'était tout ce qui m'importait.

Puis, son père et moi, nous entrons dans la chambre accompagnés d'une aide-soignante et d'une infirmière. Manu, mon Manu est là.

Qu'as-tu ressenti en le voyant ?

Il était là. Bien là. Malgré les multiples appareillages qui l'entouraient et les bruits ambiants.

Effectivement, le visage était très abîmé. C'est une vision assez brutale mais cela restait mon Manu… À vrai dire, je n'ai prêté attention qu'à une seule chose, sa respiration.

À notre suite, mes frères sont entrés et lorsque nous sommes retrouvés ensemble dans la salle d'attente, nous nous sommes promis que nous allions prendre soin de lui, Manu est de retour. Au fond, nous savions qu'il allait s'en sortir.

Pourtant, qu'en est-il du pronostic de Manuel ?

Le staff médical a été très clair : Manuel devait passer par plusieurs phases comprenant notamment des infections eu égard aux plaies béantes. Quant au réveil, là aussi, les réanimateurs m'ont prévenu. Il était encore trop tôt pour espérer retrouver le Manuel d'avant et les chances que ce soit le cas étaient infimes…

En entendant cela, j'ai dû passer pour une illuminée (*Rires*) mais je leur ai dit : « Écoutez, je connais très bien mon mari. Vous allez voir, il va se réveiller et lorsqu'il va savoir ce qui lui est arrivé, eh bien, ce sera Manu, tout simplement ! Je sais que je vais le retrouver ! »

Une dizaine de jours après son admission, vient le temps du réveil. Du moins, un essai. J'ai croisé son regard, pour la première fois. Cela représentait tellement pour moi. Aussi, l'on dit souvent que les yeux sont réellement le miroir de l'âme. Crois-moi, intubé, ventilé, j'ai vu Manuel et j'ai pensé : « C'est bon, c'est lui ! »

Et j'avais raison ! Le jour de son extubation, Manuel n'a pas pu s'empêcher de plaisanter, comme à son habitude. Il a demandé à l'infirmière de lui changer son lit, un matelas anti-escarres, car il était « habitué à plus spartiate » (*Rires*).

Malheureusement, quelques jours après, les nouvelles étaient moins bonnes. Manuel avait contracté une infection des moignons. Les résultats démontraient une atteinte par un champignon, extrêmement dangereux et rare. Diagnostiqué, avant lui, auprès de deux militaires qui en sont décédés.

Les six à huit semaines qui ont suivi cette annonce ont été les pires de toutes. Une nouvelle fois, je dois me préparer au pire, sa mort.

Malgré tout, comment s'accroche-t-on à un nouvel espoir ?

Honnêtement Alexis, aujourd'hui je ne sais pas comment j'ai fait pour ne pas devenir folle. S'accrocher à un nouvel espoir relevait aussi d'une folie ! Depuis l'annonce de l'infection, je ne croisais que des regards de sollicitude et de compassion pour la future veuve... Encore un peu et j'entendais déjà les condoléances... (*Silence*). Pour autant, il fallait s'accrocher. Au moins pour lui.

Ainsi, les médecins nous recommandaient de le stimuler, de l'aider à se sentir bien et de l'accompagner, notamment par des odeurs familières. Un gel douche habituel ou une mousse à raser préférée par exemple.

Toutefois, devant un rayon au petit centre commercial du coin, alors que j'en choisissais pour lui, je me suis laissée aller à dire un jour : « À quoi ça sert ? Puisque de toute façon il va mourir... » (*Silence*).

J'étais franchement déstabilisée. D'un côté, Manuel réalisait de nombreux efforts pour s'en sortir et, de l'autre, on me préparait à son décès imminent. Je lui tenais la main, il me souriait et peut-être que d'ici deux heures, si le champignon passait dans le sang, il disparaîtrait. J'en garde une profonde blessure même si tout cela a porté ses fruits.

Finalement, il s'en est sorti, cela valait le coup d'y croire encore un peu. C'est mon survivant !

Toi aussi en quelque sorte, non ? Quelle a été ta manière de survivre à la réanimation ?

J'ai tenu bon et cela m'a un peu desservi, en fait. En fait, de prime abord, tout le monde pensait que je gérais parfaitement la situation. J'étais calme, avec un étonnant sang-froid. Par conséquent, l'on s'est retrouvés à inverser les rôles de l'épouse éplorée avec certains visiteurs (*Rires*). Je me suis ainsi vue en réconforter certains qui n'assumaient pas de le voir dans cet état alors, que dans ces instants-là, c'est moi qui en aurais eu le plus besoin (*Rires*).

Avec le recul, je me dis que, quand j'étais adolescente, si l'on m'avait dit que je serais confronté à ce genre de situation dans ma vie adulte, je serais allée me fiche dans un coin, en boule. Je pense que c'est encore une histoire de dissociation. Comme lors de l'annonce de l'accident, je me suis regardée faire et surtout entendre dire de certains visiteurs : « Agnès, tu n'imagines pas ce que ça fait de le voir dans cet état. » Évidemment, que j'imagine ! (*Rires*).

Ceux qui m'ont aidée à franchir ces étapes ce sont mes frères, présents à mes côtés. Un jour, ils ont dit « stop ». En effet, je ne pouvais pas endosser tous les rôles. Je ne pouvais pas être l'aidante, le soutien de l'entourage et la soutenue…

Dirais-tu que la blessure physique et psychique du militaire est équivalente, sous une autre forme, à celle ressentie par son entourage ?

C'est très personnel. C'est une expérience subjective. Par exemple, le père de Manuel a eu beaucoup de mal à s'en remettre. Il n'a pas accepté. Mes frères et moi, nous l'avons vécu différemment mais de façon assez analogue à Manuel. Il y avait un combat à livrer : avançons au jour le jour.

L'entourage amical ou les autres membres de la famille ont, eux, vécu cela comme un état de choc ou un vecteur d'anxiété majeur.

Je crois qu'il n'existe pas de retentissement « attendu » de la blessure du militaire sur nous-mêmes car notre histoire et notre expérience, modèlent aussi la façon avec laquelle nous allons la recevoir.

Aussi, je dois dire que nous avons eu un modèle en la personne de Manuel. Il était d'une telle force morale ! Au-delà de l'ordinaire. Cela nous a portés. Nous ne voulions pas le décevoir.

Quelque part, son attitude était notre nourriture psychique. Il nous donnait de la force et nous le lui rendions au centuple.

Vu de l'extérieur, comment as-tu intégré ce nouveau schéma corporel ?

Pour tout te dire, les amputations n'ont jamais été un réel problème pour moi. C'était peut-être une forme de déni de ma part mais toujours est-il que cela ne m'a pas gênée ou choquée outre mesure. Jusqu'à aujourd'hui, cela ne change rien quant au regard que je lui porte, la façon dont je le perçois.

En réanimation, j'ai même eu la chance d'assister et de regarder presque l'ensemble des soins de Manuel. Cela a certainement contribué à désamorcer les représentations de l'amputation mais aussi à prendre en compte la souffrance que cela pouvait engendrer. Cet accompagnement, ma présence, je le ressentais comme un « plus », un moment supplémentaire vécu avec lui. Comme tous les jours que je passe avec lui.

Aujourd'hui, où en es-tu ? Psychologiquement, estimes-tu avoir passé le cap ou avances-tu de la même façon que ton époux ?

Sans prétention mal placée, cet accident vient de nous offrir une nouvelle vie. Il y a énormément de choses sur lesquelles nous sommes d'accord. D'abord, celle d'avoir eu la chance exceptionnelle de bénéficier d'une deuxième chance. L'actualité nous a prouvé que toutes les familles de militaires n'ont pas eu ce droit. Droit de continuer à vivre avec la personne aimée alors que plusieurs fois on l'annonce morte. Aussi, j'ai la chance de pouvoir encore le toucher, de l'entendre, de lui parler.

De plus, nous avons maintenant une nouvelle chance de faire des projets et les réaliser.

En somme, pour nous deux, ce qui est important, c'est d'apprécier cette seconde chance, de vivre pleinement la vie avec sérénité, de nous faire plaisir et de nous concentrer sur nous. Tout simplement.

Pour conclure, aurais-tu un message à faire passer à toutes les personnes, civiles ou militaires, qui gravitent dans l'entourage d'un grand blessé ?

Une chose a été très importante pour nous deux. Il s'agit de la communication. Ne pas hésiter à se dire les choses. Parler et écouter la personne blessée. C'est une situation tellement au-delà de l'ordinaire qu'elle en devient effrayante. Il ne faut pas s'enfermer dans ce schéma-là ou verser dans son contraire, la banalisation. Autour de moi, j'entends certaines personnes me dire : « Oh, ben ça va. Vous allez pouvoir passer à autre chose maintenant. Il serait temps, non ? » Non. Vous ne pourrez jamais vivre normalement avec cela, sachez-le. Il faut apprendre à vivre avec et la communication est le point de départ de ce nouvel apprentissage. Ne soyez pas gêné de dire « j'ai peur » ou « je ne sais pas si l'on va y arriver ». Ayez confiance en l'ensemble des professionnels de santé, appuyez-vous sur leur soutien, faites-vous confiance et communiquez, encore et toujours. Voilà l'enseignement que je retire de cette expérience tout à fait hors norme.

La vie est superbe, croyez-moi !

18

La résilience

Popularisé par le neuropsychiatre et psychanalyste Boris Cyrulnik[1], le concept de résilience est globalement la capacité de résistance, la plasticité d'un individu face aux chocs[2].

Aussi, pour l'être humain, être résilient, c'est avoir la force de se remobiliser de façon physique et psychique après un événement traumatisant[3].

Toutefois, depuis de nombreuses années, ce concept admet d'être utilisé à toutes les sauces (philosophiques, sociologiques, politiques, etc.), sans pour autant permettre aux individus d'en saisir l'immense complexité, alors que cette capacité intrinsèque (personnelle) et extrinsèque (environnementale) admet une importance réelle à l'émergence d'un nouveau modèle de développement de soi et des autres.

---

1. M. Olano, « Boris Cyrulnik. Traumatisme et résilience », *Les Grands Dossiers des sciences humaines*, 54/3, 6 juin 2019.

2. S. Tisseron, « Introduction », dans *La Résilience*, Paris, Puf, coll. « Que sais-je ? », 2009, p. 7-10.

3. M. Anaut, « Le concept de résilience et ses applications cliniques », *Recherche en soins infirmiers*, 82/3, 2005, p. 4-11.

Initialement appliquée au domaine de l'industrie[1], la résilience permettait de réfléchir et d'optimiser le matériel afin d'en améliorer la résistance. Ici, dans le cas de l'humain, nous pouvons tout à fait imaginer le même processus. D'après cette vision, c'est ce que proposent, par exemple, les techniques d'optimisation du potentiel (TOP).

« Tout le monde me dit que je suis résilient ! Certes, mais il ne faut pas croire que c'est un long fleuve tranquille. Les chocs à absorber sont rudes, mais je ne me laisse pas le choix. Même si c'est difficile, il ne faut pas subir. Jamais. Ce serait faire un trop beau cadeau à la mort à laquelle j'ai échappé tant bien que mal ! »

Engagées dans une démarche de préparation mentale, les TOP contribuent à développer une approche psychocognitive, physiologique et comportemental de gestion des émotions[2], celles-là mêmes qui interviennent directement dans notre capacité de résistance, partant de principe simple : la force mentale est fondamentale.

1. A. Dauphiné, D. Provitolo, « La résilience : un concept pour la gestion des risques », *Annales de geographie*, 654/2, 2007, p. 115-125.

2. É. Perreaut-Pierre, « Chapitre 26. La préparation mentale par les Techniques d'Optimisation du Potentiel au sein d'une démarche intégrative de gestion du stress », *Soigner par les pratiques psycho-corporelles*. Disponible sur : http://www.cairn.info/soigner-par-les-pratiques-psycho-corporelles--9782100728824-page-235.htm

À ce titre, les armées se sont saisies du concept de résilience afin d'améliorer le bien-être psychologique et le moral de leurs combattants assujettis à des situations astreignantes et stressantes qui contraignent l'intégrité de la santé mentale[1].

Dans le cadre de la gestion des blessures psychiques et physiques du combattant, la compréhension du phénomène de résilience et d'optimisation du potentiel revêt également un caractère important car elle permet de renforcer la « capabilité » du combattant blessé et de lui démontrer en cela qu'il dispose des moyens physiques et psychologiques d'affronter ce traumatisme et que l'ensemble de son écosystème est dans une dynamique accompagnante.

De façon plus concrète, la résilience est un seul révélateur d'un potentiel déjà existant. Or, dans un contexte de blessures physiques et psychiques, il est difficile de l'appréhender tant les perspectives sont floues, voire assombries lorsque la seule projection est de vivre au jour le jour…

« Si je résiste et que je progresse, je me le dois. Évidemment. Mais, je le dois aussi à toutes celles et ceux qui m'ont tendu la main. La résilience, c'est comme un escalier. Il y a les marches à gravir et la rampe pour se soutenir. La réhabilitation post-blessure, c'est tout comme ! »

---

1. É. Perreaut-Pierre, « Moral et bien-être, que fait-on dans les armées ? », *Inflexions*, 7/3, 2007, p. 49-58.

Par ce fait, la résilience se considère sur le plan individuel mais aussi collectif.

Individuel, car il s'agit d'une démarche entreprise par le blessé lui-même, d'une énergie qu'il va aller chercher on ne sait où : celle de sortir, de continuer à marcher pour la vie, même s'il faut crapahuter encore un certain temps sur des sentiers battus, au risque d'avoir les pieds sales.

Et collective, car la résilience n'est pas une dynamique solitaire, elle doit faire l'objet d'une synergie collective à l'aide de ce que les auteurs appellent des « tuteurs de la résilience[1] », c'est-à-dire des personnes qui vont s'installer comme des attaches indispensables tout au long du chemin de reconstruction, et qui serviront de protection, de maintien et de refuge au blessé.

Selon cette idée, la résilience est indubitablement un processus intersubjectif qui doit alors considérer, non pas la route, mais l'ensemble du plan avec ses hauteurs et ses dénivelés.

Pour ce faire, toutes les parties prenantes de la résilience (par exemple patient, proche aidant, famille, collègues, professionnels de la santé) doivent pouvoir bénéficier d'un soutien de même qualité.

Sur ce point, le ministère des Armées propose un dispositif téléphonique unique : « Écoute Défense[2] ». Une plateforme animée par des psychologues militaires et qui permet d'offrir un moment d'écoute entièrement

1. M. Delage, « Résilience dans la famille et tuteurs de résilience », *Thérapie familiale*, 25/3, 2004, p. 339-347.

2. « Contacts – Écoute Défense ». Disponible sur : https://www.defense.gouv.fr/sante/dossiers-complementaires/classeur-stress-post-traumatique/contacts-ecoute-defense

dédié à la réassurance et au coaching par téléphone de celles et ceux qui en auraient besoin.

« Selon moi, être résilient, ce n'est pas inné. Cela s'apprend. Un peu comme un muscle, c'est une véritable compétence qui doit être entretenue, enrichie et complétée. D'autre part, je pense franchement que tout le monde peut accéder à la résilience s'il est bien entouré avant, pendant et après un traumatisme. Tu sais ce que l'on dit dans les armées ? Seul, on va plus vite, ensemble on va plus loin… C'est exactement ça, la résilience : une relation réciproque entre l'individuel et le collectif ! »

D'autre part, les différentes cellules d'aide aux blessés[1] du ministère contribuent directement à renforcer le maillage soutenant des blessés et leurs familles engagés dans un processus de résilience, *via* des référents spécifiques à chaque dossier qui servent d'intermédiaire entre l'institution et les besoins, notamment psychologiques, de chacun.

1. « Les cellules d'aide aux blessés ». Disponible sur : https://www.defense.gouv.fr/familles/vos-contacts-utiles/les-cellules-d-aide-aux-blesses/les-cellules-d-aide-aux-blesses

Somme toute, la résilience nous propose de réfléchir en premier lieu à la force qui réside en nous. Une force dont nous avons tendance à connaître davantage les limites plutôt que les capacités !

N'est-il pas grand temps pour nous d'envisager de mieux nous préparer (physiquement, psychologiquement) à affronter les chocs et, en quelque sorte, de « densifier » notre être[1] ? En effet, il s'agit non pas de réfléchir à la façon dont on peut se reconstruire après un traumatisme mais, d'abord et surtout, de réfléchir à la façon dont on peut se renforcer avant.

1. G. Chaput, C. Venard, G. Venard, *La Densification de l'être. Se préparer aux situations difficiles*, Paris, Pippa, 2017.

19

Rencontre avec le président de la République

Le respect de la personne humaine
se fonde sur son caractère irremplaçable.

Blaise Pascal, *Pensées*

En tant que blessé militaire, tu as reçu énormément de visites des principales autorités civiles et militaires. La toute première que tu rencontres, c'est la ministre des Armées, Florence Parly. C'était à quelle occasion ?

J'ai une relation que j'estime particulière avec la ministre des Armées, dans son sens positif. Effectivement, lorsque j'ai été blessé, Florence Parly venait de prendre ses fonctions depuis peu. De fait, je suis l'un de ses premiers blessés et je suis donc l'un des premiers qu'elle rencontrera dans ses habits de ministre. Et quelle rencontre !

Vu mon état post-accident, la ministre est passée très rapidement à la compréhension du terrain, qu'elle découvrait encore, dans ce qu'il y a de plus concret... De Paris au Mali, voir les résultats d'une prise de décision stratégique et opérationnelle vaut toutes les revues d'état-major...

Ainsi, j'ai la sensation que cette première rencontre l'a profondément touchée. Je ne peux pas m'exprimer à sa place ou mesurer cet impact. Néanmoins, c'est une impression renouvelée lors de remise de la Croix de la valeur militaire avec palmes de bronze et de la Médaille militaire de ses propres mains. Une émotion exprimée, non feinte, mais très pudique. La reconnaissance, sans doute.

Par là même, tu as rencontré plusieurs fois la plus illustre des autorités. Il s'agit du président de la République, chef des armées. Raconte-nous la façon dont cela s'est déroulé la première fois.

Nous nous sommes rencontrés pour la première fois lors de la Journée des blessés de l'armée de terre en juin 2018, sur le site des Invalides. Une rencontre brève en l'état puisque nous étions plusieurs blessés à être présentés au président de la République.

De prime abord, cette rencontre ne m'a pas marqué. C'était très solennel et assez rapide. Un temps qui nous a simplement permis de prendre une photo officielle avec lui. Je me souviens d'un homme assez pressé, non pas parce qu'on ne l'intéressait pas, mais plutôt parce que le protocole de la journée était, *a priori*, assez serré. Une image à laquelle tu ajoutes un service de sécurité rapproché très impressionnant qui peut déstabiliser lorsque tu n'as jamais été confronté à ce genre de dispositif.

C'est plutôt la seconde fois qui a été plus marquante.

Nous voulons tout savoir !

(*Rires*). C'était le 13 juillet 2018. En ma qualité de blessé de guerre, sur invitation de la ministre, j'étais invité au discours du président de la République aux armées, donné à l'hôtel de Brienne [le ministère des Armées] la veille de la fête nationale. Installé dans les jardins du ministère, l'événement ressemblait un peu à ce que l'on pourrait appeler une *garden-party*. Agnès m'accompagnait ainsi que mon beau-frère et ma belle-sœur et un frère d'armes, Tony. Tout était beau, bien organisé. Ce jour-là, le soleil resplendissait. L'ensemble des éléments était réuni pour que la soirée soit belle, en somme.

Après le discours du chef de l'État, Emmanuel Macron est venu saluer les blessés. Une petite dizaine, parmi lesquels il y avait également le médecin, Rémi, qui a participé au sauvetage, lui-même impacté physiquement par l'accident comme tu le sais, l'infirmier et le radio tireur du VAB.

C'est très curieux de voir ce genre de rencontres. Très vite, se constitue autour du président de la République un amas de personnes qui n'ont rien à voir avec lui, ils veulent absolument le rencontrer, avoir une interaction avec lui. Nous, nous l'attendions tranquillement, de toute façon je ne risquais pas de lui sauter dessus (*Rires*).

À notre portée, Emmanuel Macron a pris le temps nécessaire avec chacun des blessés militaires. Une discussion intimiste, si je puis dire. Un tête-à-tête informel.

Arrive mon tour. Il me reconnaît. « Comment allez-vous caporal-chef ? » Je lui présente Agnès et tous ceux qui m'entourent. « À mon tour de vous présenter mon épouse, Brigitte », me dit-il en souriant. C'était la première fois que je la rencontrais.

Comment se sent-on lorsque l'on s'adresse au président de la République ?

Privilégié, c'est clair. D'autant plus que le chef de l'État est totalement investi dans la conversation et nous place dans une relation de confiance instantanée, notamment marquée par un profond respect. Lui, pour notre engagement. Moi, pour ce qu'il représente. N'oublie pas non plus que c'est un homme qui a moins de dix ans d'écart d'âge avec moi, il est jeune. Cela contribue très certainement à dynamiser la discussion !

Puis, moi, militaire du rang, avoir la chance de rencontrer et d'échanger avec lui, c'est une véritable fierté. Fierté de me présenter face à lui. Fierté de présenter, par mes blessures, la valeur de mon engagement militaire.

Quels sont les mots que l'on a envie de dire dans ces cas-là ?

Tu as dix mille choses qui te traversent l'esprit. Certains en profitent pour passer des messages, subliminaux ou plus directs (*Rires*). À vrai dire, moi, en tant que militaire, je ne suis pas là pour défendre une idéologie politique puisque, par essence, je suis soumis à la neutralité. Par conséquent, ma culture professionnelle ne m'incite pas à faire remonter aux oreilles du président de la République la moindre critique sur son action politique. Non. Moi, je préfère discuter d'une passion qui nous rassemble : le football.

D'ailleurs, ce soir-là, j'en profite pour lui en glisser un mot. En effet, le dimanche suivant, se déroulait la finale du Mondial avec notre équipe nationale.

« Monsieur le Président, je peux vous demander une faveur ?

— Bien sûr. Demandez-moi ce que vous voulez, caporal-chef.

— Monsieur le Président, dimanche, lorsque vous serez avec les Bleus, est-ce que vous pourrez leur dire merci car ils arrivent encore à faire vibrer un soldat à qui il manque la moitié du corps ? »

Tu me connais. Je suis fan de football et puis, un brin patriote, je suis un fervent supporter de notre équipe nationale.

« Vous voulez le leur dire directement, caporal-chef ?

— Monsieur le Président, hormis enregistrer une vidéo, je ne vois pas comment je peux leur dire…

— Vous voulez venir avec moi à la finale de la Coupe du monde en Russie ? »

Le temps s'est suspendu, y compris tout autour de moi. Silence. Toutes les personnes qui gravitaient auprès du Président se sont figées. Tout le monde attendait ma réponse et moi, je ne disais rien. C'est ma belle-sœur qui m'a un peu secoué discrètement, en posant sa main sur mon épaule.

« Oui, monsieur le Président. Je vous accompagne. »

À ce moment, Brigitte Macron est intervenue dans la foulée afin d'interpeller le Président en précisant que nous étions deux. Soit, mon épouse et moi-même.

Dès cet instant, tout fut incroyable…

Il faut que tu nous expliques. Nous prenons l'avion pour la Russie ?

Da ! (*Rires*).

20

Russie et Coupe du monde

Avant ton départ pour la Russie, dès le lendemain, tu rencontres une nouvelle fois le président de la République à l'occasion du défilé du 14 Juillet. Tu as assisté aux festivités depuis la tribune des blessés. À la fin, le chef de l'État vient vous saluer. Lorsque vous vous croisez, la Coupe du monde est à nouveau au centre des conversations ?

Effectivement, comme tu l'as dit, le président de la République vient nous saluer. Au moment où nous nous rencontrons, bien évidemment la Coupe du monde est un sujet brûlant et de plaisanteries. À ce propos j'ai une anecdote qui concerne le Premier ministre (*Rires*).

Tu en as trop dit !

Le Premier ministre Édouard Philippe l'accompagne. Arrivé à ma hauteur, il me salue. Sa poignée de main est très forte. Tout en faisant cela, il se penche vers moi et me confie avec malice : « J'espère que nous allons gagner la coupe car vous avez pris ma place dans l'avion ! »

(*Rires*). À ce moment, y a-t-il déjà un emballement médiatique autour de cette invitation inopinée qui bouscule le protocole ?

À vrai dire, pas tant que cela. Voire pas du tout alors que je pensais que les journalistes allaient être à l'affût d'une démarche que certains auraient pu qualifier de « récupération politique ». Mais, en fait, ce fut le calme complet, y compris du côté de la présidence de la République où les services de communication m'ont laissé ma liberté. Ce qui corrobore le sentiment que j'avais eu la veille : la démarche du chef de l'État était absolument sincère et spontanée.

Et dans ton entourage ?

(*Rires*). Quand j'ai annoncé à mon entourage que j'allais à la finale de la Coupe du monde en Russie, avec le président de la République, installé en tribune présidentielle… Comment dire ? Ce fut une explosion de joie partagée ! Tous mes proches savaient dès lors que j'allais vibrer et rencontrer ceux qui m'ont fait vibrer durant tout le mois de compétition.

Penses-tu que ce soit mérité ?

Non pas du tout. À aucun moment du contrat militaire il est précisé qu'une blessure de guerre te permet d'aller voir une finale de Coupe du monde en compagnie du chef des armées. Je crois tout simplement que cette invitation est d'abord le fruit d'une opportunité et du hasard des événements. Je la prends plutôt comme un cadeau qui s'offre à moi, en dehors de tout mérite ou de recherche de compensation.

Comment s'est organisé le départ en Russie ?

Le matin du départ, un chauffeur de l'Élysée est venu nous chercher à l'hôtel où nous logions, Agnès et moi. Direction Villacoublay.

À peine arrivé à destination, premier choc. Dans un salon d'attente, je croise Dimitri Payet en train de boire un café et là, je prends véritablement conscience de ce qui m'arrive !

En même temps, je le prends comme un nouveau signe du destin de croiser immédiatement cet ancien joueur du club de Saint-Étienne. Il y a des hasards qui ne trompent pas.

Puis, direction le Falcon présidentiel pour Agnès et moi pour un voyage dans les airs où, franchement, cela faisait bien longtemps que je ne touchais plus le sol ! (*Rires*).

Le voyage en Falcon présidentiel, quel souvenir ! Vous avez trouvé rapidement votre place dans cet environnement certainement très codifié ?

Oui, tout le monde nous a mis l'aise et notamment les hôtesses et stewards de l'armée de l'air. Durant le vol, j'ai pu rencontrer le président de la République et même lui demander une faveur (*Rires*).

J'avais avec moi un drapeau français que j'avais emmené pour le lui faire signer et le donner à mon chef de corps afin qu'il rejoigne la salle d'honneur de mon régiment.

C'est chose faite sans problème mais, au moment où le Président me le rend, nous nous apercevons que le feutre a traversé le tissu tricolore pour aller recopier le message sur la nappe en dessous estampillée « présidence de la République »…

Aujourd'hui, il y a un drapeau signé au régiment et, chez moi, une nappe de l'Élysée signée puisque le chef de l'État me l'a offerte (*Rires*).

Mais, trêve de plaisanterie, ce qui nous a surtout marqués, Agnès et moi, c'est que nous avons été placés au même rang que tous les autres invités du vol, avec une extrême bienveillance et une confiance incontestable.

Agnès terminera ce voyage en allant assister à l'atterrissage dans le cockpit sur invitation du commandant de bord, tandis que la Première Dame et moi discuterons avec plaisir de tout et de rien, en toute simplicité, pendant plusieurs dizaines de minutes.

Puis, la Russie nous tend les bras. À l'arrivée à Moscou, une colonne de véhicules nous emmènera au Kremlin sur des routes totalement désertes, réservées pour nous.

Vous vous dirigez ensuite au stade ?

Après une visite d'une partie du Kremlin, tandis que le Président français rencontrait Vladimir Poutine, nous sommes partis au stade avec l'ensemble de la délégation.

Rendez-vous en tribune présidentielle. Tu imagines nos yeux écarquillés face à tout cela... L'ambiance, les supporters, la fête, les cris, nous étions totalement transportés !

Et je dois dire que le Président a fait le job. Il ne s'est pas contenté de nous emmener puis de nous poser là, dans un coin. Avant que le match ne commence, Agnès et moi avons été présentés à toutes les personnes présentes dans la tribune. Il a fait l'éloge de mon histoire de blessé militaire face à toutes ces personnalités. Tout cela semblait si irréel et en même temps très exceptionnel, y compris lorsque l'émir du Qatar a souhaité une photo avec moi, accroupi à mes côtés, ou lorsque j'ai grignoté à côté de Ronaldinho (*Rires*).

Ensuite, vient le coup de sifflet final. La France est championne du monde. Que se passe-t-il à ce moment-là ?

La célébration est exceptionnelle ! Les cris des supporters emportent tout le stade. Dans la cohue générale, je ne remarque même pas que le président de la République est parti rejoindre les joueurs dans les vestiaires afin de les féliciter.

La délégation française s'embrasse. Tout le monde exulte ! Puis, tout à coup, le garde du corps qui nous accompagne reçoit un coup de fil et se tourne vers nous. Nous sommes attendus dans les vestiaires. Oh purée ! Laisse tomber ! Les bras m'en tombent ! (*Rires*).

Nous arrivons à la suite dans cette zone très protégée. Tous ces joueurs que j'ai suivis avec passion pendant ce mois passés sont là. Devant moi. Devant nous. Quelle émotion !

C'est à ce moment que tu te retrouves sur les réseaux sociaux ?

Oui tout à fait. Sans le vouloir car, à mon arrivée, le président de la République improvise un discours filmé par Pogba, tandis que Didier Deschamps me prend dans ses bras. Deux millions de personnes verront tout cela et entendront notamment la célèbre phrase de Pogba qui me désigne : « C'est ça, la République ! »

Et la Coupe du monde ?

Le Graal ! C'est Presnel Kimpembe qui m'a permis d'y toucher. Je n'ai pas de mots pour décrire ce temps suspendu où l'enfant que je suis a pris le dessus dans ce tourbillon festif où plus rien n'existe si ce n'est l'instant présent.

Difficile d'imaginer ce que tu as pu ressentir durant ce moment de célébration. Le retour à la réalité n'a pas été trop difficile ?

Non. La nuit même, nous rentrions à Paris après avoir salué une dernière fois le couple présidentiel. Tout ce que nous venions de vivre était effectivement de l'ordre de l'irréel. Jamais nous n'aurions pu imaginer vivre cela une fois dans notre vie. Cependant, la lumière momentanément braquée sur nous *via* la victoire des

Bleus ne nous a pas aveuglés. En effet, je crois qu'il faut savoir faire la part des choses entre le quotidien et l'inhabituel.

C'est parce que nous savions à quel point tout cela était précieux que nous l'avons apprécié en gardant les idées claires pour mieux en savourer chaque minute, sans toutefois être bousculés par le maelstrom du plaisir.

Une forme de dignité, de respect et d'éthique personnelle vis-à-vis de mes camarades blessés que je représentais indirectement en quelque sorte.

21

La fraternité entre blessés

Les hommes se plaisent à penser
qu'ils peuvent se débrouiller seuls,
mais l'homme, le vrai,
sait que rien ne vaut le soutien
et les encouragements d'une bonne équipe.

Tim Allen

Existe-t-il une hiérarchie du blessé de guerre ?

Non pas du tout. Comme dirait l'autre, « il n'y a pas de grades dans la blessure ». La jambe du colonel vaut tout autant que celle du première classe. Une vie pour une vie. Un membre pour un membre. Tout a la même valeur. Il n'y a que des femmes et des hommes qui ont payé, dans leur chair, le prix fort de leur engagement pour le service de la France.

En conséquence, s'il n'existe pas de hiérarchie entre nous, il existe cependant un profond sentiment de respect. Nous savons d'où nous venons. Nous savons pourquoi nous sommes là.

Comment cela se passe, entre camarades blessés ?

Fort heureusement, il y a un petit noyau de camarades blessés avec lesquels nous formons une communauté, notamment *via* des groupes numériques qui nous permettent de nous tenir au courant des avancées réglementaires, législatives et de compenser, parfois, les failles du système… Cette camaraderie s'impose à nous naturellement, elle se réalise sans aucun effort. Dès lors que l'on rencontre un autre blessé de guerre, les échanges de numéros fusent et nous lui assurons notre soutien. C'est un petit réseau qui fonctionne bien et que j'ai moi-même utilisé !

Au-delà de ce seul aspect administratif, ce maillage social entre blessés de guerre est un biais de soutien psychologique. Nous partageons les mêmes histoires, nous partageons les mêmes blessures physiques et nous partageons les mêmes blessures psychiques. Qui mieux qu'une autre personne vivant une histoire similaire à la nôtre, dans sa chair et dans son esprit, peut réellement comprendre ce que l'on vit ?

Aussi, il n'est pas rare que les blessés militaires s'appellent à 2 heures du matin, lorsque la nuit fait tomber sur nous son lot d'angoisses ou de reviviscences. L'autre l'écoute, tout simplement. C'est ça, la fraternité d'armes, être à l'écoute.

Un dicton militaire propose « la cohésion dans l'effort ». Dans votre cas, l'on pourrait dire la « cohésion dans l'épreuve » ?

C'est tout à fait cela. La cohésion naît dans l'effort et s'entretient à l'épreuve. L'effort, nous l'avons connu, l'épreuve, la douleur, nous y sommes encore. Entre blessés militaires, nous n'avons pas besoin d'échanger longtemps afin de nous comprendre. Néanmoins, on ne se livre pas à n'importe qui (*Rires*). Il faut un peu de confiance. Les stages de réhabilitation des blessés militaires (organisés par la Cellule d'aide aux blessés de l'armée de terre, du SSA ou bien des associations de blessés) contribuent pas mal à la construction commune de ce lien et en favorisent le renforcement.

Peux-tu nous en dire plus sur ces rassemblements entre blessés militaires ?

Bien sûr. Je vais parler du plus connu d'entre eux. Surtout parce qu'il est le premier proposé par les cellules d'aide aux blessés. Il s'agit des Rencontres militaires blessures et sports (RMBS).

Organisés en quatre sessions d'une semaine, se déroulant sur un mois, les RMBS sont un moment d'échanges entre blessés militaires. L'ensemble de la semaine est organisé autour de la réhabilitation *via* l'activité physique et sportive, plus ou moins adaptée selon l'état des participants. Les RMBS sont un stage de découverte d'un monde particulier, celui du handisport et de ses différentes disciplines.

Au-delà de ce seul aspect de réhabilitation par le sport, je dirais que les RMBS sont un moyen idéal pour se remettre le pied à l'étrier de ses capacités individuelles. En quelque sorte, le blessé militaire qui participe pour la première fois à ce genre d'événement se réapproprie progressivement son « pouvoir d'agir ». C'est une base fondamentale de se dire « je peux » lorsque l'on commence à gravir les chemins escarpés de la résilience… Rien n'est impossible, les RMBS le prouvent.

Après les activités de la journée, il existe aussi des moments d'échanges informels entre blessés. Cela peut être aussi l'occasion pour un « jeune » blessé de se tisser un réseau de pairs et de bénéficier de l'expertise des camarades qui sont dans cette réalité depuis plus longtemps, c'est ce fameux maillage social du blessé dont je t'ai parlé, notamment sur ce qui suscite toujours beaucoup d'inquiétudes lorsqu'il te tombe cela sur le coin de la figure : les assurances, la prise en charge, les prothèses, la vie militaire…

Heureusement, d'autres rendez-vous importants entre blessés existent, notamment par formations d'emploi. C'est-à-dire par corps, directions ou services. Cela donne lieu à des rencontres en comité un peu plus restreint, donc encore plus propices aux échanges entre blessés. À ce titre, depuis janvier 2018, le SSA avec lequel j'ai un lien en qualité d'auxiliaire sanitaire, organise la Journée nationale des blessés du Service de santé des armées qui réunit les blessés physiques et psychiques durant de nombreux événements répartis sur le territoire national.

Selon toi, le parcours du blessé de guerre doit-il forcément passer par cette étape ?

Franchement, ce serait difficile d'aller faire sa petite vie sans passer par la case institutionnelle. Je dirais même que l'enjeu est grand de maintenir le blessé militaire sur ce parcours où tu trouves le compagnonnage et le soutien de cellules spécialisées dans cet accompagnement. Les blessés militaires sont en tout point un public particulier, avec des attentes et des considérations spécifiques.

Aussi, tu ne peux pas rester seul.

Dans le cas de jeunes blessés militaires, c'est encore plus prégnant car tu n'as aucune expérience de vie. Prenons mon cas : malgré la présence permanente de mon épouse, mon expérience de vie et de militaire, mon aplomb, il m'est arrivé d'être démuni face aux rouages administratifs, assurantiels ou bien logistiques. Alors, qu'en est-il lorsque tu as 18 ou 19 ans ? C'est le drame assuré si on te lâche dans la nature !

Déjà comme cela, il arrive que toutes ces démarches les gonflent. Ils lâchent rapidement prise. Non pas parce qu'ils sont fainéants mais simplement parce qu'ils viennent de se prendre un sacré coup dans leurs projets de vie et que cela déstabilise, cela angoisse… Ils se protègent en se réfugiant alors dans le rejet. Une forme de déni en quelque sorte, « on verra plus tard ». L'instinct de survie se réfugie dans ce qu'il peut…

De fait, passer par les événements et les rassemblements des blessés est super important afin d'assurer un soutien permanent, de garder le contact et de repêcher, le cas échéant, celles et ceux qui se seraient perdus en cours de route… Or, sortir du circuit administratif, c'est sortir du circuit de l'indemnisation, de la prise en charge des appareillages et du soutien moral. Sortir du circuit administratif, c'est dériver tranquillement vers une perdition complète du blessé militaire et la marginalisation avec toutes les conséquences désastreuses que l'on peut imaginer…

En plus des référents institutionnels, les blessés de guerre sont, entre eux, de véritables bouées de sauvetage qui s'accrochent très vite à celle ou celui qui commence à se noyer. La fraternité d'armes, une nouvelle fois.

L'expertise du blessé militaire doit donc être reconnue en tant que telle sur ce parcours ?

Oui, complètement. De façon très simple, tu donnes ta confiance à l'autre parce qu'il te ressemble. Donc, tu donnes ta confiance à un blessé parce que tu l'es toi aussi. « Qui se ressemble, s'assemble », dit-on. C'est bien vrai. En effet, qui mieux qu'un blessé peut comprendre un autre blessé ? Qui mieux qu'un blessé peut conseiller, au plus proche des besoins et des attentes, un autre amputé ? Qui mieux qu'un amputé peut accompagner un autre amputé quant aux choix d'appareillages ?

En tout état de cause, le référent institutionnel est nécessaire car il incarne la dimension administrative du parcours de soins. C'est une dimension majoritaire. Néanmoins, la limite de son appréciation s'arrête aux portes de la réalité vécue en cela qu'il n'a jamais perçu, en dépit de son expérience, le dixième des sensations physiques et psychiques d'une blessure de guerre. C'est là que l'expertise et le compagnonnage d'un référent blessé militaire prennent tout leur sens et une valeur toute particulière car il devient en quelque sorte le miroir réfléchissant de l'avenir, permettant au nouveau blessé militaire d'entrevoir son autre vie qui commence et de s'y projeter.

Je t'ai souvent sollicité pour mettre en œuvre la pairaidance, c'est le mot savant (*Rires*), lorsque j'avais un patient polytraumatisé civil et militaire. Tu n'as jamais refusé. Est-ce que, pour ta propre reconstruction, c'est important ?

Tu m'as sollicité, tu ne m'as jamais rien imposé. Tu étais un « créateur de rencontres » (*Rires*).

Sur mon chemin, je crois que cette démarche pro-active envers un camarade ou une personne qui vit dans sa chair et dans son esprit la même expérience que nous, à tout le moins une expérience de même nature, est importante mais pas nécessaire. En ce qui me concerne, je l'envisage plutôt comme un chemin de continuité car j'aime transmettre et accompagner.

De façon inconsciente, cela doit certainement servir la reconstruction et nourrir le processus de résilience parce que l'on donne et que l'on reçoit toujours. Lorsque je venais visiter un blessé de guerre ou un civil polytraumatisé, cela s'inscrivait dans le temps long et je les voyais progresser, s'accomplir. Bien entendu, je n'étais qu'un intervenant parmi tant d'autres plus importants, comme peuvent l'être les chirurgiens notamment, mais être un acteur supplémentaire de « l'en-vie » et de donner de la force et du courage est une belle récompense qui dynamise. Elle nous permet de se sentir utile. C'est un réel cercle vertueux !

Avec du recul, proposerais-tu des améliorations sur le parcours du blessé militaire ?

Un parcours aussi complexe est toujours perfectible. C'est obligé. À titre personnel, je défends d'abord et surtout le statut de « blessé sous les drapeaux », comprenant la blessure reçue en service et la blessure reçue en opération. Selon moi, cela permettrait de faciliter et de fluidifier les parcours de soins et de suivi des militaires. En effet, il n'y aurait plus qu'un circuit unique et une prise en charge globale homologue.

En même temps, cela contribuerait largement à prendre en compte les difficultés financières et l'accès à des aides *ad hoc* car la couverture assurantielle n'est pas la même selon que l'on est blessé en service ou en opération. C'est une utopie très concrète en définitive qui admet un essentiel de n'importe quelle guerre, ici la vie ; l'argent.

J'ai cru comprendre que le ministère des Armées était très attentif à cette problématique et c'est tant mieux, même s'il faut être conscient que cela représente un coût considérable pour l'institution. Nous devons d'ailleurs, à ce titre, applaudir des deux mains – dans mon cas c'est compliqué (*Rires*) – les avancées majeures qu'il y a pu avoir dans la prise en compte du blessé militaire, qui a pris un essor considérable par la volonté politique.

22

Blessures et Nation

Étant intimement associée à la guerre, la blessure est un mal dont la reconnaissance sociétale n'est pas nouvelle. Depuis longtemps déjà, le combattant blessé voit son sacrifice reconnu au nom de la Nation.

C'est Louis XIV qui sera le premier à insister sur la nécessité de protéger les soldats invalides en créant un hôpital qui a traversé les siècles et qui est le digne héritier de son illustre histoire : l'Institution nationale des Invalides.[1]

Cependant c'est la loi du 2 août 1790, fruit de la Révolution française, qui établira la reconnaissance de la Nation envers ses militaires victimes de la guerre.

1. V. Gaucher-Malou, « Le cas de l'Institution nationale des Invalides », *Inflexions*, 21/3, 2012, p. 145-153.

« J'assume mon statut de blessé militaire. C'est même une fierté. Celle de mon engagement. Bien sûr, ma vie ne doit pas tourner autour de cela mais je ne pourrai jamais dissocier les deux. Je suis blessé dans le corps et militaire dans le cœur. Les deux sont indissociables. »

Plus tard, les lois du 11 et 18 avril 1831 fixeront les bases du régime des retraites militaires et des premiers droits à pension pour les blessés et invalides de guerre[1]. En effet, durant la période de la Révolution française, il fut difficile de passer de la parole aux actes tant les moyens financiers manquaient…

Ainsi, c'est la Première Guerre mondiale qui va développer une vision globale du blessé de guerre. Les œuvres de guerre vont se multiplier[2] et s'organiser afin de lutter pour les droits des soldats et de leurs familles.

Sous leur impulsion sera votée la loi du 31 mars 1919. Pionnier en la matière, le texte affirme le droit à réparation du préjudice sous la forme d'une pension pour le militaire, la veuve et l'orphelin[3] et pose les jalons originels

1. J.-F. Montes, « L'Office national des anciens combattants et victimes de guerre », *Guerres mondiales et conflits contemporains*. 205/1, 2002, p. 71-83.

2. F. Renucci, « La construction des gueules cassées », *Les Cahiers de médiologie*, 115/1, 2003, p. 103-111.

3. P. Romien, « À l'origine de la réinsertion professionnelle des personnes handicapées : la prise en charge des invalides de guerre », *Revue française des affaires sociales*, 2, 2005, p. 229-247.

de l'accompagnement médico-socio-professionnel ainsi que de la reconversion au titre de la solidarité nationale. L'Office national des anciens combattants et victimes de guerre (ONACVG) voit le jour[1].

Pendant ce temps, la période d'après guerre met également en évidence d'autres maux de la guerre telles que les « gueules cassées[2] ». En outre, les premières images filmées permettent d'observer concrètement d'autres blessures plus invisibles, les états de stress post-traumatiques.

Néanmoins, au fil des ans, le droit à réparation se densifie et se complexifie puisque les conflits s'enchaînent (par exemple guerre d'Algérie, Indochine, du Golfe) et que les appelés du contingent et militaires professionnels blessés se multiplient.

« Le jour où j'ai reçu la Médaille des blessés, j'ai ressenti plein de choses, notamment la sensation de n'être plus qu'un blessé et de ne plus être militaire. Or, ce symbole a aujourd'hui une place singulière pour moi, celle de la reconnaissance de l'Institution. »

1. P. Bette, « Des œuvres de guerre aux offices nationaux : l'évolution de la prise en charge des veuves de guerre (France, 1914-1924) », *Revue d'histoire de la protection sociale*, 9/1, 2016, p. 68-87.

2. S. Delaporte, « Le corps et la parole des mutilés de la grande guerre », *Guerres mondiales et conflits contemporains*, 205/1, 2002, p. 5-14.

Ce faisant, en 1951, le premier Code des pensions militaires d'invalidité et des victimes de guerre voit le jour. Ce dernier sera rénové en 2017 afin de le rendre plus cohérent eu égard à l'évolution du contexte et afin d'en améliorer la lecture[1].Sur le plan honorifique, et cela depuis 1916, la Nation reconnaît de façon incontestable le statut de blessé de guerre en remettant une décoration devenue médaille en 2016[2].

Dans le même temps, les blessés de guerre se voient remettre la carte du combattant ouvrant droit à la retraite du combattant, au port de la Croix du combattant, au titre de reconnaissance de la Nation ainsi que, entre autres, à l'obtention de la qualité de ressortissant de l'ONACVG[3].

« Honneur ? Non, je n'en ai pas besoin. J'envisage plutôt le statut de blessé militaire comme un témoignage vivant de l'engagement. En dehors d'une vision héroïque, la blessure est une trace visible de l'histoire. Derrière elle se cachent de nombreuses actrices et acteurs de l'ombre. Professionnels des armes, acteurs de la paix. La blessure est là pour nous rappeler la valeur de cet engagement. »

---

1. « Le nouveau Code des pensions militaires d'invalidité et des victimes de guerre est entré en vigueur le 1er janvier ». Disponible sur : https://www.defense.gouv.fr/familles/actualites-depart-en-mission/le-nouveau-code-des-pensions-militaires-d-invalidite-et-des-victimes-de-guerre-est-entre-en-vigueur-le-1er-janvier

2. Décret n° 2016-1130 du 17 août 2016 relatif à la Médaille des blessés de guerre.

3. « La reconnaissance de la Nation ». Disponible sur : https://www.defense.gouv.fr/blesses/fiches-thematiques/la-reconnaissance-de-la-nation/la-reconnaissance-de-la-nation

Au niveau des corps, directions et services de l'Institution militaire, les nombreuses cellules d'aides aux blessés, la densité du maillage associatif et caritatif, ainsi que l'émergence de multiples événements collectifs réunissant la communauté militaire autour des blessés (physiques et psychiques) militaires soulignent l'importance donnée à celles et ceux qui ont fait le sacrifice d'une partie d'eux-mêmes pour la Nation.

Selon cette idée, la reconnaissance des blessés militaires admet un profond caractère symbolique qui traverse l'ensemble de la société, au-delà des frontières du ministère.

Aussi, le Bleuet de France, œuvre portée par l'ONACVG, fleurit de plus en plus aux boutonnières civiles et militaires à l'occasion des événements nationaux qui honorent les armées. Les blessures de guerre s'invitent sur nos petits écrans grâce aux reportages qui se multiplient afin de mettre en évidence la valeur tout à fait singulière du sacrifice militaire et l'engouement pour la Fête nationale, durant laquelle les blessés militaires sont régulièrement mis à l'honneur, témoigne de l'affection profonde que la population peut avoir envers ces professionnels des armes qui sont avant tout des faiseurs de paix.

En somme, la blessure militaire est plus que jamais au centre des intérêts institutionnels et citoyens par les différentes valeurs qu'elle véhicule dans un siècle où les vertus de l'engagement semblent être un véritable défi de société.

Par ce qu'elle suppose d'abnégation, la blessure militaire a alors une symbolique transcendante et perpétuelle qui emporte l'adhésion populaire, laquelle s'incline devant l'esprit d'hommes et de femmes qui ont fait un choix : la Nation.

23

Et maintenant ?

Il n'y a qu'un seul instant
où vous êtes en vie,
cette minute, ici, et maintenant.

Storm Jameson

Manuel, au moment de terminer notre série d'entretiens, ma question sera simple : le récit de soi, est-ce important ?

Je dirais même plus que ça. Je pense que c'est très utile. On ne le répétera jamais assez, verbaliser ses maux est un bon remède pour prendre de la hauteur sur les événements passés en termes de sensations et d'émotions. Cela redonne du cadre et de la consistance à une histoire qui nous appartient et qui nous revient progressivement dans la figure.

Cependant, raconter son histoire, ce n'est pas seulement raconter sa vie. C'est s'ouvrir franchement aux autres car, parler de sa blessure, c'est rouvrir une faille et, au risque de s'y faire piéger, c'est s'y engouffrer une nouvelle fois. Aussi, c'était important de le faire avec toi, un professionnel de santé. Une personne en qui j'ai confiance et qui me connaît bien. Une corde de sécurité, en quelque sorte !

Puis, au-delà de ma seule reconstruction et de la nécessité d'en parler pour m'y aider, le récit que je délivre peut également faire du bien à d'autres personnes qui vivent la blessure physique et psychique, le handicap et les difficultés de ce parcours au quotidien. En effet, lorsque l'on est blessé, il n'y a plus rien de simple. On ressent des choses que personne ne comprend. Que personne ne ressent. Par ce fait, qui mieux qu'un blessé lui-même peut en témoigner ?

Dans ces moments-là, je pense, bien évidemment, à mes camarades blessés mais aussi aux différentes personnes blessées au cours des dernières attaques terroristes. Celles que j'ai pu croiser lors de mes différentes hospitalisations à l'hôpital d'instruction des armées Percy ou à l'Institution nationale des Invalides.

En cela, j'espère que le récit de mon expérience pourra être utile aux autres autant qu'il me l'a été.

Du début du projet d'ouvrage jusqu'à aujourd'hui, est-ce que le regard que tu poses sur ta situation a évolué ?

(*Silence*). C'est une question difficile. À vrai dire, ma situation n'a franchement pas changé. En tout cas sur le plan du quotidien. Comme je te l'ai dit, je continue à vivre avec mes « démons ». Mes cauchemars sont les mêmes. Mon handicap est toujours là. Mes blessures restent également.

Pour autant, au niveau personnel, cette expérience m'a permis de me reconsidérer concrètement au sein de la communauté militaire. Même si je n'incarne plus l'engagement comme je l'imaginais, je suis très fier de le faire vivre autrement. Je m'aperçois que j'arrive à en faire quelque chose de fort, de concret. Ce livre en est l'incarnation puisque je sais que les bénéfices de l'ouvrage serviront à accompagner d'autres camarades blessés.

Je te dirai donc que, entre le début et la fin de nos entretiens, mon estime personnelle a évolué favorablement devant la valeur et la portée contributive que pourra avoir ce projet.

Et maintenant Manuel, au regard de ton expérience, as-tu une proposition à faire à la Nation à propos des blessés militaires ?

La quatrième génération du feu à laquelle j'appartiens doit être encore plus reconnue par la Nation. Quand je dis Nation, j'entends l'ensemble de la communauté des citoyens. Il faut renforcer les liens entre le monde militaire et le monde civil pour renforcer encore plus la réinsertion des blessés militaires qui disposent de compétences spécifiques tout à fait déployables dans la société civile. Des efforts sont faits, existent et c'est tant mieux !

Les cellules d'aide aux blessés et les organismes chargés d'accompagner les blessés font un formidable travail. Toutefois, je pense que la société civile doit poursuivre et améliorer son engagement à faire vivre la reconnaissance citoyenne du « sacrifice » à travers une réinsertion facilitée dans la vie socioprofessionnelle de ses soldats.

Dans un autre entretien, nous évoquions le parcours de soins du blessé militaire. Sur ce sujet, je parlerais plutôt de parcours de vie du blessé militaire qui commence dès lors que la décision de réforme est tombée.

À ce jour, lorsque le militaire est réformé pour sa blessure, une seule question se pose toujours : qu'est-ce que je deviens ?

Cette question du devenir est très importante et soulève en perspective une dimension profonde de l'identité militaire qui peut en elle-même devenir une blessure. En effet, à partir de ce moment-là, qui suis-je ? Un militaire blessé ou M. Tout-le Monde ?

Au même titre que les anciens combattants célébrés et respectés de la Première et Seconde Guerre, d'Algérie ou d'Indochine, la quatrième génération du feu, en dehors du champ politique, mérite une attention particulière de la Nation qui ne doit pas seulement être circonscrite aux dispositifs de l'institution.

Simplement, il faut raviver le sentiment de fierté et de reconnaissance des citoyens vis-à-vis des blessés militaires. C'est aussi cela, le lien armée-Nation.

Justement, en rappelant les anciens combattants disparus et la quatrième génération du feu actuelle, crois-tu que ton témoignage puisse avoir, plus tard, cette même valeur historique ?

Nous pourrions tout à fait imaginer que le témoignage des blessés militaires d'aujourd'hui sert au devoir de mémoire des générations futures.

J'ai moi-même lu beaucoup d'ouvrages et de témoignages des anciens qui me servent toujours de repères historiques dans le cadre du devoir de mémoire. Bien évidemment, ce que je raconte, ce n'est pas la guerre des tranchées, ce n'est pas l'Occupation, ce n'est pas la Résistance. Mais c'est une partie de l'histoire guerrière de notre pays, vécue de l'intérieur. Car, oui, la guerre existe toujours, même si elle est bien loin de nos frontières.

Par conséquent, je suis intimement convaincu que la quatrième génération doit avoir le souci de laisser une trace écrite et documentée de son passage afin que cela puisse servir.

La petite histoire nourrit toujours la grande Histoire. C'est ma conviction.

Ton avenir s'inscrit donc définitivement sous cette étiquette de « blessé militaire » ?

Tu touches un point sensible ! (*Rires*). Rassurons les lecteurs : ma blessure n'est pas mon identité, je ne me présente jamais en tant que blessé de guerre.

Cependant, au fond de moi, je suis catégorique : oui, je suis un blessé militaire. Pour toujours. Et cela pour deux raisons. Premièrement, je l'ai déjà expliqué, ma blessure a brisé mon rêve de gosse et ma carrière professionnelle.

Puis, elle n'a pas eu que des conséquences individuelles. Ce fut une vraie déflagration, notamment pour ceux qu'elle a entraînés dans son sillage dramatique. Je pense en particulier à mes camarades de mauvaises aventures. Le jour où l'on s'est rencontrés, toute leur carrière a été brisée pour moi, avec moi et par moi.

Toute ma vie je vivrai avec ma blessure personnelle mais aussi avec ce double sentiment que je ressens à propos de mes camarades : la culpabilité et la reconnaissance. Cela ne s'oublie pas. Donc oui, mon avenir, c'est porter cette étiquette de blessé militaire.

Un bagage moral et physique qui ne doit tout de même pas devenir trop encombrant. Non. Je dois d'abord et surtout « vivre avec ».

Manuel, c'est certainement la dernière fois que l'on se parle dans le cadre de ce projet. Souhaites-tu dire quelque chose en particulier ?

(*Rires*). Simplement dire merci, et pas seulement à l'institution. J'en ai suffisamment fait l'éloge et elle connaît l'attachement que je lui porte. C'est ma famille et je leur dois. Maintenant, j'ai envie de remercier toutes les personnes qui sont toujours présentes plusieurs années après mon accident, en particulier toi, qui me portent et me proposent des projets.

Au début de nos entretiens, j'évoquais la nouvelle vie et ma projection vers elle mais c'est en même temps très difficile de quitter mon ancienne vie. Non pas que les gens m'y retiennent, mais c'est surtout parce que j'y trouve toujours une belle énergie et des soutiens incontestables qui me permettent d'avancer et d'être où je suis (*Silence*).

J'ai donc envie de dire merci à toutes celles et à tous ceux qui me donnent les armes nécessaires pour affronter ce nouveau combat.

Serait-ce à dire que tu restes un soldat ?

Oui, je reste un soldat… Quoi qu'il arrive.

Épilogue

Zone désertique près de Tessalit, Mali, 31 juillet 2017, 9 h 31

À trop aimer crapahuter dans le désert, j'ai fini par bouffer la poussière.

Ce jour-là, le lundi 31 juillet 2017, il est plus de 9 h 30 quand le véhicule blindé, dont je suis le conducteur, saute sur un engin explosif artisanal au détour d'une route déserte au Mali.

Un souffle. Puis, plus rien. Le vide. L'histoire de l'accident aurait pu très bien s'arrêter ici. Comme ça, l'air de rien. Retour au camp, un rapport d'incident et l'affaire était close. Pourtant, durant ce temps suspendu, durant lequel, en apparence, rien ne se passe, c'est bien plus que l'épaisse carlingue de l'engin qui se retourne sur ce chemin de terre ocre, c'est ma vie, mes vies, qui empruntent la voie du grand voyage en compagnie d'une vieille copine de route militaire : la mort.

On le sait, elle existe. Or, longtemps, je n'ai pas pris conscience de cette phrase inscrite au contrat d'engagement : « L'état militaire exige, en toutes circonstances, un esprit de sacrifice pouvant aller jusqu'au sacrifice suprême. »

Disons surtout que j'ai préféré ne pas y penser. Il y a belle lurette que la mort ne devait plus être un sujet ou, du moins, ne devait pas l'être dans nos conversations entre biffins. C'est bien le seul oubli que l'on ne nous reproche pas lorsqu'on est militaire ! Ne pas croire, ou faire semblant de ne pas y croire, que la mort est la plus grande « meilleure ennemie » des professionnels des armes, c'est ne pas avoir peur « d'y aller » au moment de risquer la rencontre.

Tant et si bien que nous nous jouons d'elle, nous la narguons. Il me semblait même que mes années d'expérience de terrain m'avaient permis d'apprivoiser cette relation particulière, que nous entretenons, nous les militaires, avec la grande faucheuse même si, de temps en temps, elle frappe fort, essentiellement durant des actions de feu, pour nous rappeler qui mène la danse… Ainsi, je l'ai vue emmener pas mal de camarades lors d'opérations extérieures, notamment en Afghanistan, lors d'un macabre pas de deux.

Malgré cela, j'étais loin d'imaginer de retrouver mon amie au détour d'une route cabossée. Dix-sept ans de relation, c'est long, peut-être avait-elle déjà usé de tous ses stratagèmes pour provoquer la rencontre… Venir me cueillir en matinée, pendant une mission de « routine », à vrai dire, je la pensais beaucoup plus sournoise et certainement plus imaginative que ça !

Donc, après de nombreux rendez-vous manqués, me voici sur le point de ne pas rater celui-ci. Tout est prévu. Je dois redevenir poussière. C'était sans compter sur un élément oublié par la mort…

Je lui accorde le bénéfice du doute, sur l'instant : coincé comme une poupée de chiffon dans l'habitacle fumant, entre le siège défoncé et le volant engoncé au milieu du thorax, elle me maîtrise et je suis loin d'être en pleine capacité pour l'affronter !

Après les armes matérielles, je dois donc utiliser mon unique cartouche d'une arme, immatérielle cette fois, mais infaillible, le cœur, afin de croiser le fer avec la mort. L'amour, ma famille, mes amis, il est chargé d'une force incommensurable pour monter victorieusement au front. Je ne lui laisserai pas tout obtenir et surtout pas l'essentiel : ma vie.

La poussière, grande faucheuse, sache que je préfère la manger avec mes camarades légionnaires plutôt que de la mordre face à toi. Pour le moment, tu m'en as fait avaler une bonne quantité, certes, et je sais que j'en recracherai un petit peu tous les jours, car, c'est certain, je veux vivre. Te rencontrer, c'est se transformer. Il y aura un avant et un après Mali. Il y aura un avant et un après l'engagement militaire. Il y aura surtout un avant et un après « Boom Day » – c'est ainsi que j'appellerai cette journée.

Seulement, ce jour-là, le lundi 31 juillet 2017, il est près de 9 h 30 quand tu me fais livrer un combat au cours duquel, mon amie, il semblerait que tu aies oublié en moi un esprit qui, lui, ne changera jamais : je reste un soldat !

★

Remerciements de Manuel Cabrita

Les mots me manquent pour exprimer l'émotion personnelle investie dans cet ouvrage. Néanmoins, de l'accident jusqu'aux différentes étapes de mon parcours de blessé de guerre, de nombreuses personnes ont elles-mêmes été des actrices de ma reconstruction, y compris durant l'élaboration de ce témoignage. Qu'elles en soient remerciées du plus profond du cœur, et en particulier, même si je ne peux en dresser une liste exhaustive :

- Monsieur Emmanuel Macron, président de la République,
- Madame Florence Parly, ministre des Armées,
- Agnès, mon épouse qui me supporte toujours et tous les jours ainsi que mes amis,
- Le général Éric L.,
- Le médecin général inspecteur Michel G.,
- La professeure Giulia F.,
- Le médecin Rémi M.,
- Le commissaire en chef de première classe L. R.,
- Le capitaine François G.,
- L'adjudant Amanda P.,

- L'infirmier Nicolas P.,
- Le chef Grégory P.,
- Le sergent Alexis B.,
- Le SC2 Nicolas H.,
- Le caporal-chef de première classe Xavier C.,
- Le caporal-chef de première classe Toni D.,
- Le caporal-chef de première classe Ludovic F.,
- Le caporal-chef Herman D.,
- Monsieur Arnaud K.,
- Monsieur Bertrand D.,
- Toute l'équipe de la 7e antenne chirurgicale aéroportée,
- Le régiment médical,
- Le 4e régiment de chasseurs alpins,
- Le Service de santé des armées,
- La Cellule d'aide aux blessés de l'armée de terre et l'institution militaire en général…

Manuel Cabrita,
caporal-chef de première classe, régiment médical

Remerciements d'Alexis Bataille

Le jour où, en 2019, j'ai quitté le service actif, j'ai fait une promesse à Manuel : écrire son histoire. Depuis, l'idée a fait son chemin et les échanges ont été nombreux afin de révéler au mieux les hauts et les bas du parcours d'un soldat grand blessé de guerre.
En qualité de soignant, je tenais à mettre en lumière, sans filtre, un témoignage dont on ne mesure la réelle puissance qu'à la lueur de la leçon de vie qu'il nous procure une fois que l'on en a terminé la lecture.
Pour autant, cette aventure littéraire, car cela en est une, ne s'est pas réalisée seule, c'est le fruit d'une collaboration. À commencer par la principale, celle menée entre Manuel et moi. En effet, sans la confiance qu'il m'a accordée durant nos multiples échanges, ce témoignage n'existerait tout simplement pas !
Cet ouvrage ne saurait d'autre part se conclure sans adresser de nombreux et chaleureux remerciements à toutes les personnes qui ont su accueillir favorablement ce projet, en le soutenant et l'accompagnant avec bienveillance et dynamisme, en particulier Agnès, l'épouse de Manuel, et le docteur Rémi.

Enfin, observé par le prisme de ce témoignage profondément émouvant, je tenais à remercier mes camarades du Service de santé des armées qui, dans leur ensemble, accompagnent au quotidien, ici et en opération, avec une abnégation sans nulle autre pareille, les soldats blessés, et à leur rendre hommage. Leur travail discret, mais fondamental, contribue à leur résilience et fait demeurer l'honneur des serviteurs des armes de la France.

Alexis Bataille,
aide-soignant militaire de réserve, hôpital
d'instruction des armées Percy,
ancien aide-soignant militaire d'active (2013-2019)

Achevé d'imprimer en mars 2022
sur les presses de la Nouvelle Imprimerie Laballery
58500 Clamecy
Numéro d'impression : 202871

Imprimé en France

La Nouvelle Imprimerie Laballery est titulaire de la marque Imprim'Vert®